Veit Pätzug, 1972 in Dresden geboren, arbeitet als freier Grafiker und Autor in der sächsischen Heimat. Er verfasste Portraits zu Fan-Subkulturen bei Dynamo Dresden („Schwarzer Hals Gelbe Zähne", 2005 – 2015) und Lokomotive Leipzig („Von Athen nach Althen", 2006) und schrieb Dresdens Fußballlegende Hans-Jürgen „Dixie" Dörner die Biografie („Der Dirigent", 2007). 2010 folgte sein erster Roman „Was wir niemals waren" – im Dresden der 1980er Jahre verortet und ebenfalls in der Fangemeinde Dynamos angesiedelt. Als Dokumentarist und Berichterstatter legt Pätzug besonderen Wert darauf, dass sich Interviews, Fotos und Zeitdokumente selbst kommentieren.

Mit „Trautmann in Trümmern" legt Pätzug den Auftakt der Reihe IKONEN bei Voland & Quist vor.

© Verlag Voland & Quist GmbH,
Berlin und Dresden 2023

ISBN 978-3-86391-368-7
voland-quist.de

Umschlaggestaltung und Satz:
Guerillagrafik

Druck und Bindung:
BALTO print, Vilnius

VEIT PÄTZUG

TRAUTMANN
IN TRÜMMERN – EINE LIEBESERKLÄRUNG

„Ich sag dir was!"
„Was noch?"
„Ich mache die Lehre und dann bin ich hier ooch weg."
„Machst du nicht!"
„Und warum?"
„Weil die im Westen keen Trautmann ham."
„Da nehmsch'n eben mit."

Die zwei fetten Weiber sind satt und hieven sich aus dem Bauwagen, eine im grauen Overall und die Traktoristin im Dederon-Kittel, hellblau mit Kirschen. Nachts hat es geregnet, aber es ist schon wieder heiß. Von den Elbwiesen hebt sich träge der Tau, der Morgen riecht nach Kuhscheiße und wir warten. Als Simek – eigentlich Fabian Sikora, aber alle nennen ihn Simek, weil sein Großvater Tscheche ist – endlich auf seiner blauen Schwalbe über den Damm kommt, trete ich die Kippe aus und klettere mit auf den Anhänger. Die Traktoristin zieht an, Simek springt auf, landet auf dem Arsch und schwingt die Beine rein. Das Weib im Overall grunzt: „Noch ma und ich mache Meldung!", kracht

das Seitenblech hoch und rungst die Bügel zu.
Simek sieht durch mich hindurch und rotzt vor
die Gummistiefel.
„Alter, hast du eine Fackel!"
„Dafür is die ‚TRAUTMANN' fertsch."
Wir schaukeln den Feldweg entlang, rechts die
Ruine der ehemaligen Windmühle, auf der anderen Elbseite zeichnet die Morgensonne die Weinhänge unscharf. Wir sind müde.

Sonntagnacht sind Simek, Sille und ich durch
einen Lüftungsschacht gekrochen und in die
Theaterwerkstätten eingestiegen. Silles Mutter
arbeitet in der Materialstelle der „Jungen Generation", wir wussten, dass die dort schwarzen und
gelben Baumwollstoff auf 2-Meter-Rollen haben.
„Gib ma den Kuhfuß, meine Alte hat bestimmt
Gotano im Spind." Bruch. Das scheiß Schloss fliegt
auf. Simek knackt die Pulle, schüttet sich fast die
halbe in den Rachen und reicht sie durch. Eine
angebrochene Pfeffi gibt's auch noch. Draußen
packen wir die Ballen auf Simeks Mopedanhänger
und knattern über Schleichwege zurück. Seit drei
Nächten singt seine Nähmaschine. Früh müssen
wir zur LPG auf Kohlrabi-Ernte, nachmittags
lungern wir am Oberen Stausee, trinken Bier und
cremen Mädels ein – wenn's klappt. Abends ist
Plenum. Plenum heißt, dass einer 'nen Kasten
Coschützer mitbringen muss und wir dann auf

irgendeine Disco machen. Auf den Dörfern kriegen wir aufs Maul. In der Stadt haben wir Heimspiel, da kennst du deine Jungs und die Kirschen sind immer dieselben, nur selten taucht mal eine neue auf. Letztens aber, die vier Weiber aus Berlin – da hat's schon vorm Jugendclub geknistert.

Am letzten Spieltag hatten wir unsere Fahne verloren. Ende Mai und ausgerechnet gegen Jena! Ich sage noch:
„Wie Trautmann Lesser abgemeldet hat – Ü-BER-RA-GEND!"
„...RAGEND!" habe ich noch nicht ausgesprochen, da wird's schon finster. Ich sehe ihn anlatschen, Hände in den Taschen, Jena-Schal um, blaues Nicki, lange braune Loden. Ganz allein. Ich sage noch sehr laut:
„Wie Trautmann Lesser abgemeldet hat – ÜBER ..."
– und es schlägt ein. So ein abgebrühtes Mistvieh. Wir sind zu fünft! Als ich wieder stehe, fehlt der Beutel. Mir läuft Blut in den Mund. Der Kunde ist über alle Berge. Im Beutel ist die TRAUTMANN – unsere Fahne –, und ich kann froh sein, dass mir Simek nicht gleich auch noch eine reinhaut.
„Du Arschloch! Besoffen und lässt sich den Lappen ziehn! Pit, du bist so eine Null!"
Plenum ist, dass ich seitdem den Kasten Coschützer mitbringe ... Aber am 13. August bin ich durch.
„Wenn die neue Saison beginnt," wird im Plenum

beschlossen, "trägt Fronzke die Fahne. Bis dahin zahlst du die Plörre. Du Doppelnull!"
Hinter der TRAUTMANN standen wir in der Badkurve, sie war mehr als eine Fahne, sie war unser Stammeszeichen, für das wir zwar nicht gefürchtet, immerhin aber bestaunt wurden – und für Simek war sie heilig.
"Du schläfst doch mit dem Lappen, so wie der mittlerweile stinkt!", bekam er von Sille zu hören. Simek vergaß sie mal in der Waschmaschine, seitdem müffelt der Stoff nach Hund. Jedenfalls bis zum Vorfall Jena bekomme ich "das Juwel" immer erst an der Haltestelle überreicht, auf meinen Schultern lag der Bereich Anfahrt – "weil du Null da noch ni völlig zu bist!" Nur Simek hängt sie vor den Zaun und nimmt sie wieder ab. Reene (der eigentlich René heißt) trägt sie nach Hause. Der ist der Schnellste und säuft nicht. Das ist wichtig. Besonders auswärts. Auswärts fahren Simek, Sille, Fronzke, Reene, ich und manchmal der kleene Schneider. Auswärts heißt, genug Kohle organisieren, früh aus der Schule abhaun, Saufen wie die Alten, die Trapos verarschen, ohne das Spiel zu verpassen, vor Ort wenigstens einigermaßen durchzusehen und vor allem, die TRAUTMANN wieder heil nach Dresden zu kriegen. Auswärts bedeutet äußerste Geschlossenheit. Zu Heimspielen sind wir mehr.

Anfang '87 bekommt Simek Karten für Dynamo gegen Bischofswerda. An sich nichts Besonderes, eher unspektakulär, er und ich, wir rennen schon seit der 7. Klasse zu Dynamo. Aber '87 gegen Schiebock ging's los. Das mit Trautmann. Also, Trautmann kannten wir natürlich schon immer, aber der Reihe nach. Simek hat Karten über seinen Vater gekriegt, der sie von Trautmann persönlich hatte. Simeks Vater ist Arzt.

„Mein Alter sagt, Trautmann hat links hinten kein Kreuzband mehr. Normalerweise läuft der keinen Meter. Der betoniert sich das Knie ein, zwei Binden, eine Rolle Klebeband, so trainiert der mit der Mannschaft! Trautmann ist ein Vieh."

Und gegen Schiebock steht er nach sechseinhalb Monaten wieder auf dem Platz.

„Das is eigentlich ä völliges Unding. Den ham'se nicht mal operiert, sagt mein Alter. Der steht nur durch die Bandagen, den Rest halten die Muskeln. Das geht eigentlich gar nicht."

Und wie das geht! Trautmann steht bei jeder Flanke in der Luft, räumt ab, grätscht und spielt den ein oder anderen öffnenden Ball. Die Bischofswerdaer Stürmer sehen keinen Stich, wenn sie an ihm vorbei wollen. Und als Trautmann selbst umgesenst wird, das Knie nach irgendwohin knickt und er mit erhobenen Armen fällt – auf der Bank schlägt man sich vor Schreck die Hände vor die Augen –, schiebt sich der Muskelhaufen stöhnend zusammen

und richtet sich wieder auf. Thiel, einst selbst aus dem Dynamo-Nachwuchs, sieht Gelb, läuft zu Trautmann zurück und steckt ihm die Hand entgegen. Unser Anhang kreischt:
„Thiel, du Arschloch! Thiel, du Arschloch!"
Simek und andere rütteln wie Besengte am Zaun, Sille brüllt:
„Kiel, du Arschloch!"
Sille brüllt immer Unsinn, weil er keinen kennt – und Trautmann reicht Thiel die Hand. Er steht wie ein Denkmal, die Bandage voller Dreck, und verzieht keine Miene. Beherrscht, fast stoisch, sein Blick über Thiel hinweg. Noch heute sehe ich ihn genau so, scharf geschnittene, gleichmäßig und horizontal geführte Augenbrauen, ein Schimmer Zorn über seiner langen, geraden Nase, leicht geöffneter Mund mit vollen Lippen über erhobenem Kinn. Ganz eindeutig Pavel Kortschagin, „an der Stelle des Todes gestanden und wieder zum Leben zurückgekehrt". Jeder muss „Wie der Stahl gehärtet wurde" in der Achten lesen. Sille findet Lesen scheiße und zog sich lieber den Film rein, Fronzke ließ sich freiwillig eine Fünf geben, „anstatt mir die Ferien mit diesem Müll zu versauen", aber ich liebte diesen Roman und vergötterte Kortschagin. Überhaupt, ein Faible für Gerechte und Helden hatte ich schon immer, ob Janosik, Held der Berge, oder Chingachgook aus dem Fernsehen, ob Widerstandskämpfer,

nach denen unsere Schulen und Plätze heißen, oder eben der Sowjetheld. Simek, der „solchen Russen-Mist überhaupt nicht anfasst", analysiert bei einem Disco-Bier meine Befindlichkeiten, zieht tief Lunge, presst langsam aus, kneift die Augen zusammen und murmelt:
„Dein Problem ist, dass du dich ständig nach einer Zeit sehnst, die du nie erlebt hast. Guck ma geradeaus und ändere hier was."
„Und was zum Beispiel?"
„Das weiß in dem Scheiß-Land glaube ich keiner."
„Dann behalt dein Gequatsche für dich!"
Dynamo gewinnt 3:2 und Trautmann spielt 90 Minuten durch.

In der Straßenbahn zurück zum Stadtrand bin ich es, der es zuerst ausspricht.
„Ich bin dafür, dass wir einen Trautmann-Fanclub gründen."
„Yeeaah, The Trautmänns – from Empor Tabak to Dynamo!", grölt Sille, der britischen Punk ins Plenum eingeführt hat und regelmäßig neue Kassetten aus Berlin mitbringt, und setzt zu einem Vortrag über Trautmanns Herkunft an.
„Meiner Schwester ihr Mann …"
„Also dein Onkel."
„Fronzke, kannst du nicht einmal deine Fresse halten!?"
„… der heißt Torsten …"

„Das interessiert hier wirklich gerade niemanden!"
„Fresse Fronzke! Torsten hat in den Knaben mit Andreas Trautmann bei Empor Tabak gespielt und ist wie er später zum FSV Lok gewechselt. Trautmann kam dann mit dreizehn zu Dynamo, Torsten blieb bei Lok und spielt noch heute Bezirksliga."
„Hört, hört! Bezirksliga!"
„Fronzke, du bist so ä Assi! Außerdem hat nämlich auch Trautmanns Vater beim FSV Lok gespielt und das sollte ..."
„Quatsch nicht", rungst Simek dazwischen, „hier gehts um Dynamo Dresden. Ich schlage vor, bis zum nächsten Plenum macht sich mal jeder 'n Kopp. Außerdem brauchen wir eine Satzung. Die bringst du mit."
Er zeigte auf mich.
„Und een Schriftführer und een Wandzeitungsredakteur wie bei'n Pionieren oder wie!?"
„Fronzke, noch ein so'n Spruch und du läufst!"

Mein Satzungsentwurf lautete:
1 Wir sind Fans der SG Dynamo Dresden.
2 Wir ehren Andreas Trautmann.
3 Immer am 21. Mai zu Andreas Trautmanns Geburtstag ist Fanclubfest. (Andreas Trautmann wurde am 21. Mai 1959 in Dresden geboren.)
4 Schwur: Wir schwören für immer und ewig Andreas Trautmann die Treue!

5   Wir hassen den BFC!
6   Wir hassen den 1. FC Magdeburg!
7   Wir hassen Carl Zeiss Jena!
8   Monatlicher Mitgliedsbeitrag: ?
9   Wer darf mitmachen?
10 Gründe für Ausschluss

Dresdner hassen den BFC – is so. Fünftens muss sein! Im August 1986, vorm Heimspiel gegen Magdeburg, bekam Reene eine Silvesterrakete um die Ohren geschossen, seitdem hört er rechts hart. Sechstens muss auch rein. Und das mit Carl Zeiss ist eine alte Geschichte. Simeks Vater nahm uns im November '85 mit nach Jena, es war unser erstes Auswärtsspiel.
„Jungs, die Misttruppe ist heute fällig! Jena sieht gegen uns immer dünn aus. Das wird guddi!"
Es war viehisch kalt. Direkt nach dem Spiel klaute mir einer meine schwarz-gelbe Strickmütze. Jürgen Raab schenkte uns zwei Tore ein, Dynamo schoss überhaupt keins, und auf der Rückfahrt, zwischen Hohenstein-Ernstthal und Karl-Marx-Stadt, fing es aus der Motorhaube des Wartburgs von Simeks Vaters zu qualmen an. Der rastete komplett aus, zu Hause waren wir kurz vor Mitternacht und als ich ganz leise die Wohnungstür aufschloss, standen meine Eltern in Straßenschuhen und Mänteln vor mir, Mutter schluchzte und vom Vater bekam ich eine gefeuert, als ich sagte:

„Bei Karl-Marx-Stadt hat Herrn Simeks Wartburg gebrannt."

Das war zu viel! Punkt sieben muss in die Satzung und wird zum Plenum auch von niemandem in Frage gestellt. Überhaupt geht mein Entwurf gut durch. Nur die Punkte wer mitmachen darf und wofür man rausfliegt, sorgen für Stimmung. Fronzke schlägt vor:

„Auf jeden Fall keine Weiber!"

„Dass von dir mal was Sinnvolles kommt! Stark, Fronzke!"

Simek und alle weiteren Anwesenden sind begeistert, außer Reene, der seit Neuestem in Bettina verknallt ist. In Bettina sind aber sowieso alle verknallt und Reene hat eh nichts zu melden. Reene ist einfach wahnsinnig schnell und schießt Tore, „weil vorm Tor in sei'm Gehirn nichts passiert", meint Simek – und deshalb darf er überhaupt bei uns mitmachen.

„Ich schlage vor", hebt Sille an, „dass wer zwei Monate keine Beiträge bezahlt, erstmal ausgeschlossen wird."

Wie er das so leise hinterfotzig reinnuschelt und dabei den Kopf selten blöd schief hält, ahnt er schon, dass das nach hinten los geht. Zuerst platzt mir der Kragen:

„Was für eine spießige Scheiße! Dafür wird's wohl Gründe geben, wenn einer das nicht macht."

Und Simek legt nach:

„Sille, du kommst voll nach deinem Alten."
Silles Vater arbeitet bei der Reichsbahn und organisiert den halbjährlichen Subotnik. Wenn unsere Eltern sonnabendmorgens mit Schaufeln, Rechen und Eimern vor der Schule aufkreuzen, wir die 100-Meter-Bahn oder die Weitsprunganlage von Unkraut befreien müssen und uns der alte Sille im Trainingsanzug dabei beaufsichtigt ... Subotnik ist das Allerletzte! Neuerdings legt der alte Sille ein Kabel über den Sportplatz, an das er einen Kassettenrekorder hängt. Seine Mugge ist unerträglich!
Fronzke, noch ganz verzückt von sich selbst, schiebt die Hände so tief es geht in seine Jeans und legt breitbeinig nach: „Wir hassen die Bullen!, und das zu vergessen, sollte eigentlich auch der Hauptgrund für einen Ausschluss sein."
Wie ein Atomforscher sucht Fronzke in unseren sprachlosen Gesichtern nach Reaktionen. Simek guckt wie die Kuh, wenn's blitzt, geradezu perplex. Fassungslos von so viel Grips – Fronzke hat uns voll erwischt. Räuspernd komme ich als Erster wieder zu mir:
„Fronzke, Fronzke! Ich gloobe, hier ist erst ma 'ne Runde Coschi fällig. Schneide zieh mal achte off!"
Neben Simek, Reene, dem Klein Schneider, mir und Geistesblitzer Fronzke bestand das Plenum nämlich heute noch aus drei weiteren Fanclub-Kandidaten: Ronny Michalske, einfach nur Michalske, Johann-Roderich Günzke, der im Kirchenchor singt und

den alle nur „Rode" nennen, und Hagen „Bunne" Bunnemann, an dem später Satzungsziffer zehn angewandt werden wird, weil er sich freiwillig für drei Jahre Fahne verpflichtet. Fast noch schlimmer: Er hat Kaltwelle. Bunne ist sowieso eher irgendwie so ins Plenum gerutscht, geht zwar immer mit zu Dynamo und vor allem kann er spitzenmäßig Eintrittskarten fälschen, aber prahlt ständig mit einem Opa aus Hannover und trägt braune Samtpullover von Palomino – gefühlt immer. Von uns hat jeder irgendwelche popelige Verwandtschaft im Westen, aber nur Bunnemann quatscht ständig jeden mit seinem „Opa aus Hannover, den wir mal beerben" voll. Zusammengefasst, Bunne ist ein Typ knapp unterhalb der Kotzgrenze, aber wir brauchen ja auch ein bisschen Masse. Michalske, der ebenfalls in unsere Klasse geht, ist wieder ein ganz anderes Kaliber. Dritter Sohn einer Gärtnerei-Dynastie, normal groß, die Ruhe in Person, redet nur, wenn er gefragt wird, guckt nachts gern in den Himmel und schreibt in ein Buch, was er da sieht, hat rote kurze Locken und übelst breite, erdige Pfoten, mit denen er alles wegfängt, was aufs Tor kommt. Mit ihm wurde unsere Klasse Stadtbezirksmeister Dresden-West. Mit Michalske im Kasten und Reene vorn, dem Mann, in dessen Gehirn nichts passiert, sind wir unschlagbar! Ich spiele letzten Mann und wenns eng wird, brüllt Simek von außen:

„Hau vor zu Reene!"
Reene hätte keiner von uns in seine Mannschaft gewählt, weil Reene wirklich fies aussieht und auch ist. So eine Mischung aus Arschloch und Nazi, dem man einfach nicht über den Weg traut, bei dem man immer das Gefühl hat, er klaut dir gerade was. Ständig zieht er Rotze hoch, nie lacht er, und wenn, dann nur über die schweinischsten Zoten und nur mit einer Hälfte des Mundes. Aber er hat diese „Spezialfähigkeit", wie er es selbst nennt. Man haut die Pille vor, Reene macht sie in einer rattenhaften Duckhaltung fest und schon isse drin. Richtig hässliche Tore! Bälle, von denen jeder denkt, die sind schon weg, saugt Reene wie ein Kopffüßer an, windet sich ekelerregend zwischen den Gegenspielern hindurch und klinkt links, rechts oder unter die Latte ein. Über keins seiner vielen Tore freut er sich, verschwitzt und mit eingezogenem Kopf wirkt er lediglich, als hätte er gerade einem seiner Karnickel das Fell abgezogen. Man ekelt sich, ihn zu berühren, aber er macht die entscheidenden Buden.
„Fronzke, das mit den Bullen ist riesig!", sagt Simek und rollt seine ausgezutschte Flasche beiseite. „Ich würde aber schreiben: 10.) Ausgeschlossen wird, wer den Fanclub an die Bullen verrät." Und so wird es dann auch gemacht.
„Und jetzt zur Fahne." Simek atmet aus und hebt angeberisch das Kinn. „Oben schwarz, unten gelb.

Großbuchstaben obere Hälfte gelb, untere schwarz. Links und rechts das Dynamo-Abzeichen. Vier Meter breit. Meine Alte hat 'ne Nähmaschine. Wer organisiert Stoff?"
"Da könn wir doch die Fahnen nehmen, die oben in der Turnhalle liegen."
Irgendwann bekam die Schule neue DDR-Fahnen und die alten, weil noch gut, landeten zusammengerollt auf dem Boden unserer alten Turnhalle, der nur aus der Mädchenumkleide über eine Dachluke erreichbar ist, in dem wir uns aber trotzdem auskennen, weil er unser Unterschlupf ist – vor allem während der Subotniks. Neben einigen Kisten voller Stab- und Eierhandgranatenattrappen, kiloweise ABC-Schutzanzügen und Gasmasken, Sanitätstaschen nebst Feldliegen, Stapeln von Armeeplanen und leeren Bier- und Likörpullen befinden sich dort auch drei große, leicht von der Sonne angelötete DDR-Flaggen – eine zum Fahnenappell und eine für jedes Portal der beiden Schulflügel. Rot ist schon ziemlich erloschen, Schwarz und Gelb hingegen noch ganz vorzüglich.

Zwei Wochen darauf hängt die Satzung in schönster Schönschrift in Simeks Schuppen und jeder hat seinen Mitgliedsausweis. In Magdeburg hat Dynamo 2:2 gespielt, Trautmanns Knie hält bis zum Abpfiff. Unsere Fahne ist fertig. Der kleene Schneider und ich knacken die Turnhalle, Rot und

die scheiß Wappen werden – weil's wirklich keiner braucht – verbrannt. Simek hat genäht, „Ösen fürn Zaun" eingesetzt und alle zusammengetrommelt. Der Stoff spannt zwischen zwei Bäumen.
„Auf Andreas Trautmann! Prost!"
Stille. Keine Wolke zieht. Reene nimmt Haltung an, als würde er gerade zum Geheimoffizier geadelt. Der kleene Schneider und Simek würgen Tränchen – ich sehe es genau. „Bunne" Bunnemann schlägt die Füße zusammen, legt läppisch seine Hände an die Hosennaht – und lässt sofort wieder locker, als er glaubt, er würde beobachtet –, Michalske guckt über die Elbe und faltet seine erdigen Hände, Sille stiert auf die TRAUTMANN und dann schnell wieder weg und sogar Fronzke hält die Fresse. Im Halbkreis wie zur Andacht stehen wir vor unserer Fahne, als Simek unterbricht:
„Morgen um Elf! Bunnemann, Karten klar?"
„Ich habe fünf gekauft und zehn habe ich ..."
„Klasse, Bunne! Auf dich ist Verlass."
Bunnemann fühlt sich geschmeichelt. Fronzke murmelt in mein Ohr:
„Übelste Schmalzbacke ..."
Ich erinnere mich an meinen Traum, sacke schwummrig in die Knie, als wäre die Wurst heute früh schlecht gewesen. Morgen ist der 14. März 1987, der BFC ist zu Gast.
Ich träumte in der Nacht wüstes Zeug, Trautmann spielt ohne Verband und quält sich unter bestialischen Schmerzen gegen Frank Pastor, der ihn ständig

an den Haaren zieht und dämonisch dabei grinst. Pastor hat faulige Zähne, das sehe ich, als er auch mich auslacht, weil ich die Bandagen und Pflasterrollen für Trautmann nicht finde. Ich rase zur Turnhalle, aber dort sind alle Sanitaschen leer und außerdem brennen die Fahnen auf dem Appellplatz. Und Bettinas Vater, der Bulle ist, kommt im braunen Trainingsanzug angerannt und brüllt wie ein Tier, dass am Hauptbahnhof hunderte Berliner angekommen sind und wir da alle hin müssen, weil unsere dieser Übermacht nicht Herr werden. Den kleenen Schneider haben sie gefangen und keiner weiß, wo er ist. Die Preußen sehn alle voll finster aus, in Bomberjacken, mit Glatze, und einem fehlt sein Gebiss. Ich erwache schwitzend mit Zahnschmerzen und zum Frühstück gibt's Schlackwurst.

Wenn der BFC anrückt, windet sich die Stadt Tage vorher schon im Fieber. Magdeburg ist immer krass, Rostock oder Halle asozial – aber BFC ist barbarisch. Es sind Monster, vor denen wir Angst haben. Andreas Thom, Thomas Doll, Christian Backs, Rainer Ernst, unglaublich gute Fußballer, schnell, technisch brillant, kreuzgefährlich in jeder Sekunde. Und aus Berlin. Wie wir sie hassen! Wir schlafen kaum und atmen heiß. Jeder ist gereizt. Je näher das Spiel rückt, desto weniger wird gesprochen. Wie vor einem Sommergewitter wummert und zuckt die Atmosphäre. Die Schrit-

te werden schneller, hinter jeder Ecke lauert der Spion. Die Preußen kommen! Unheil droht! Sie wollen uns an die Gurgeln! Jeder hofft, dass unsere Sterne günstig stehen, denn nie ist es so wichtig wie jetzt. Gottesfürchtige Männer senden Stoßgebete. Parteisekretäre rufen zur Delegiertenkonferenz und reichen Eintrittskarten an Kampfgefährten durch. Ohnmächtig und unabwendbar läuft es auf Krieg hinaus. Sonst ist Gesang, gegen den BFC ist es Gebrüll, Krawall, Geifer, Schaum, Gift und Gehässigkeit. Im Augenweiß der Alten platzen vor rachsüchtigem Zorn kleine Blutgefäße, nur sie erinnern sich noch an Dresdens letzte Meisterschaft. Unsere Generation kennt nur Berlin als Oberliga-Sieger. Obwohl wir schon immer den schöneren Fußball spielen! Zwischen Riesa und Bad Schandau weiß das jeder! Doch die Dynamos aus der Hauptstadt sind mit höheren Mächten im Bunde – mit dem Geheimdienst nämlich! Jeder kann's bezeugen:
„Die bringen ihre scheiß Berliner Schiedsrichter doch gleich mit!"
„Haste gesehn, wie der Ksienzyk unsern kleen Stübner umgeholzt hat!?"
„Das war mindestens Rot!"
„Reich, die Sau! Mit beiden Füßen voran in Döschner rein und der Schiri winkt einfach ab!"
„Das war niemals Abseits! Das schwarze Schwein ist doch gekauft!"
Vom BFC! Vom Ministerium! Vom Staat!

Dresden walzt in Formation zum Frontabschnitt, hin zum Stadion, wo der Kampf Gut gegen Böse orgiastisch kulminieren wird. Simek, die Jungs und ich sind schon früh auf den Beinen, weil's vorher noch zum Hauptbahnhof geht.
„Um eins kommen die Preußen an. Wir bleiben geschlossen! Und Fronzke, du kippst sofort deine Brühe weg, wir brauchen heute jeden Mann!"
Fronzke sieht allerdings bereits aus, als hätte er Bier gefrühstückt, und schiebt sich die leere Pulle in die die Arschtasche.
„Können wir dann noch gebrauchen ..."
Vorm Hauptbahnhof tobt bereits der Mob und Fronzke wird mit straffem Wurf sein leeres Coschützer los. Wen die Flache trifft, bleibt unklar, die Richtung stimmte. Vor uns schwitzendes Gewühl aus schwarz-gelben Oberlippenbärten und aggressivem Mundgeruch, dahinter in Reihen die Bullen, Hundegebell und Glasgescheppert. Von den Gleisen Berliner Schlachtgesang und übers Bahnhofsdach zischt eine Leuchtspurrakete. Die kommt von der hinteren Seite, an der die Berliner rausgelassen und von wo aus sie zum Stadion eskortiert werden sollen. Wir kommen da nicht hin, der Bahnhof ist abgeriegelt und die Unterführung mit Mannschaftswagen der Volkspolizei verstellt. Auf der Bayrischen Straße blitzt's und kracht's und klirrt's, das Gesindel aus Berlin wird hinterm Bahndamm über die Wehlener zur

Dr.-Richard-Sorge-Straße geführt. Wir hetzen zur Bürgerwiese.

„Dort kommen sie rum!"

Der Park gleicht einem Heerlager, in Massen, Schulter an Schulter drängen sich Kutten und Jeansjacken, in den Seiten leere Flaschen, in Fäusten Steine und Äste, in den Augen Schnaps und Feuerschein. Als die Berliner im Bullenkordon auftauchen, werden die Kippen ausgetreten. Der süße Schauer weicht. Die Nacken werden hart. Wer gerade noch lachte, zieht jetzt scharf Luft durch aufeinandergepresste Lippen ein. Es riecht nach Diesel und Kotze, ich gehe kurz in die Knie. Der BFC-Anhang biegt ein, die Atmosphäre entlädt sich mit „Dynamo! Dynamo"-Gebrüll und ein Hagel aus Wurfgeschossen prasselt auf die Feinde nieder. Ein paar Berliner Skinheads brechen aus, schlagen um sich, werden von Bullen zurückgeknüppelt. Chaos, Blaulicht, ein Krankenwagen schiebt sich in die Massen und wird umgekippt. „Hurra! Hurra! Der BFC ist da!" Fronzke schwitzt wie ein gehetztes Tier, Simek sieht glücklich aus, ich binde meinen Schal fester. Endlich mal was los!

Unsere TRAUTMANN findet noch Platz, obwohl ziemlich weit unten, weil der Zaun schon voll hängt. Ein Vieh in brauner Kutte und Haaren bis zum Arsch rollt in Zittauer Sprech:

„Orr ni üwer meine! Was stäht do üwerhaupt draow?"

Eine süßliche Wolke aus Pfeffi und Fischbrötchen weht hinterher.
"'Trautmann' steht da drauf", sage ich. "Wir sind der ‚Andreas-Trautmann-Fanclub' aus Dresden-Stetzsch."
"Ouw, Trautmann! Ä ganz Großer! Äewre wem Äewre gebührt!"
Ich bin entzückt. Die Kutte ist es auch und kuschelt sich noch ein bisschen näher an mich. Mein Kopf steckt jetzt unter seiner Achsel und noch ganz andere Düfte umhüllen mich sanft. Ich greife in meinen Schlüpfer, knacke flux einen Flachmann, der Korn läuft in mich hinein und gleich gehts besser. Mir ist's bald egal, dass ich so langsam in der Oberlausitzer Likör- und Fischfabrik verschwinde. Obwohl wir bereits ein einziger Menschenbrei sind und die Kurve zu bersten scheint, schieben sich von oben immer mehr in den Block. Drei Mal werden Männer über die Köpfe nach oben geschoben, weil sie das Bewusstsein verloren haben. Fronzkes und mein Gesicht sind durchs selbe Zaungitter gepresst, Simek hängt dahinter, brüllt mir ins Ohr:
"Spitzen Platz hä!?"
Reene schafft es ohne Hände, eine nach der anderen zu quarzen. Johann-Roderich Günzke muss jetzt schon pissen, Michalske sagt:
"Rode, lass einfach loofn."
Und Rode lässt. Den Zoo-Geruch kann ich noch heute aufsagen: Waschmittel, Kippe, Pils und

Schnaps, Urin, Pups, Bockwurst und Fisch. Ach, und Senf! Hin und wieder mit einer Prise Schwefel gewürzt, wenn ein Knaller gezündet wird. Zum Glück blühte der Flieder noch nicht!

Dresden und Berlin laufen aufs Feld. Der „Dynamo! Dynamo"-Orkan tobt, ich brülle aus Leibeskräften mit. Nach dem dritten „...naaaamo!" sehe ich viele kleine Sternlein, kurz Neon, dann Schwarz und jetzt pfeift Adolf Prokop an – ausgerechnet! Die Spatzen pfeifen es aus den kaputten Dachrinnen, dass der einen Auftrag vom Ministerium hat. Zu Beginn seziert die weinrote Bestie Dynamo wie auf der Schlachtbank, selbst Trautmann kann nicht verhindern, dass Doll sie in Führung schießt. Das Stadion läuft komplett heiß. Aus Erdbewohnern werden Monster. Magisch strömt die kochende Wut von den Rängen hinab über die Tartanbahn aufs Geläuf und innerhalb von zwei Minuten dreht Dynamo die Partie. Kirsten und Döschner rühren den brodelnden Kessel. Die schwarz-gelben Heerscharen verfallen in ekstatisches Delirium. Jeder Zuschauer vergisst seine Herkunft. Gott hat seinen dicken glühenden Finger mitten ins Stadion gebohrt. Die Hexenküche explodiert. Wer jetzt nicht hier ist, ist nirgendwo. Unsere Spieler sielen sich vor Glück im Gras. Wo ist er? Wo ist er? Andreas Trautmann steht allein am Sechzehner, seine Beine wie edle Buchen in die Erde gestemmt, ein Blick wie John Maynard:

„Wie weit noch Steuermann?'
Der schaut nach vorn und schaut in die Rund:
‚Noch dreißig Minuten ... Halbe Stund.'
(...) ‚Wo sind wir? Wo?'
Und noch fünfzehn Minuten bis Buffalo."
Trautmanns Gesicht wie eine Bronze. Kaukasische Wangenknochen, die lange Nase scharf geschnitten, in seinen braungelockten Haaren spielt der Wind. Ja, auch „Dixie" Dörner sah edel aus, besonders vor einem Freistoß, in Stübners nie alterndes Engelsantlitz hatte sich die halbe Stadt verliebt, Kirsten mit dieser entwaffnenden Discoschläger-Visage, Döschners Gesicht erinnerte an das eines kasachischen Infanteristen, Sammers eigenartiger Touch einer sehr blassen Kuh, Minge, den es so sympathisch machte, dass er stets aussah wie der Nachtwächter vom Spielcasino ... Aber Trautmann! Trautmann war ein Denkmal, erhaben und formvollendet wie der Sowjetsoldat im Treptower Park. Und wie er jetzt dasteht und die Fäuste kurz in den Himmel reckt. Simek wühlt sich irgendwo her und brüllt: „Jetz sin se fällig!"
Zum 3:1 schenkt Minge ein, das Berliner Anschlusstor kommt zu spät. 40.000 Glückselige schmettern die vollständige Hitliste und verstummen noch lange nicht, als Prokop bereits seinen Spielbericht geschrieben und abgeheftet hat. Wo seit den Morgenstunden Tobsucht und Mobilmachung war, herrscht nun verträumteste

Innigkeit. Die Untoten liegen sich zärtlich in den Armen. Männer lieben Männer und die ganze Stadt juckt sich vor Wollust am Schenkel. Die Preußen sind vom Feinsten verwackelt, bis zum nächsten Mal egal und es herrscht wieder Frieden. Unsere Fahne hat ihre Frontbewährung überstanden.

„Dynamo ist einfach alles!", seufzt Fronzke.
Simek antwortet:
„Ja, weil alles andere Scheiße ist!"
Fronzke überhört das, weil er komplett vernebelt ist vom Spiel und vielen kleinen Flaschen Korn. Aber ich hab's verstanden. Er hat es schon oft rausgehauen:
„Alles ringsrum. Und am meisten scheiße ist das System!"
„Ich hab keine Ahnung vom System."
„Merkst du's nicht? Alle haun ab nach drüben. Ich hau auch ab, das steht fest. Noch 'ne Lehre, irgendwas, was die drüben brauchen, vielleicht Tischler, und dann bin ich weg. Dass ich zur Fahne gehe, kannste vergessen. Niemals!"
„Mach ich auch nicht. Am beschissensten finde ich eigentlich die Bullen."
Bettinas Alter ist Bulle und ein krankes Arschloch. Eins, das auf dem Moped durch die Straßen kurvt und Zettel schreibt, wenn es dich beim Rauchen erwischt, oder abends an den Elbwiesen langlatscht und Meldung an die Schule macht, wenn es dich

beim Lagerfeuer sieht. Ein Arschloch, das das Wohngebiet wochenlang umgräbt und Kinder ausfragt, auf der Suche, wer unter „Bettina, ich liebe dich!" „aber dein Alter ist ein Nazi!" an die Schulmauer gekritzelt hat. Bettinas Alter horcht die Nachbarn aus, wenn wir Westbesuch haben. Und weil wir uns mit Schneiders gut verstehen, wissen wir davon. Eigentlich ist Bettinas Alter kein echter Bulle, sondern ABVler. Simek sagt: „Blockwart! Das Schwein hätte auch unter Hitler Kommunisten gejagt."
Bettinas Alter geht am Wahltag die Listen durch und weiß, wer noch nicht gewählt hat, fährt zu den Leuten und klingelt. Und zum 1. Mai marschiert er bei den Kampfgruppen, mit Nelke in der Brusttasche und Kalaschnikow vor'm Wanst. „Dabei ist der der größte Faschist!" sagt Simek. „So sind Faschisten! Spießer, die alles melden, denen Sabber aus dem Maul tropft, wenn sie 'nen Wisch ausfüllen, der anderen Angst macht. Psychos, die zu Hause ausrasten, wenn die Hausschuhe nicht parallel auf dem Abstreicher stehen. Dumme Schweine, die auf Macht stehen, weil sie wahrscheinlich selber von ihrem Alten von früh bis spät auf die Fresse gekriegt haben."

Bettina kam vor zwei Jahren in unsere Klasse, sie musste das Jahr wiederholen, weil sie zu lange im Kindersanatorium in Zinnowitz auf Usedom war.

Bettina hat Krupp, sie hustet nicht, sie bellt, und wenn sie einatmet, pfeift es – besonders schlimm in den kalten Monaten, wenn alle heizen und es selbst bei uns am Stadtrand kaum auszuhalten ist. Dann, wenn der Schnee schwarz ist, in den gesalzten Matschpfützen tote Amseln liegen und die Sonne als brauner Fleck nicht mehr wärmt. Es war am Montagmorgen der zweiten Schulwoche, unsere Klassenlehrerin flötete:

„Wir bekommen eine neue Schülerin, sie ist die Tochter des Genossen Kirsch. Herzlich willkommen, Bettina, in unserem sozialistischen Lernkollektiv. Bitte komm herein und setz dich neben Jana."

Simek beugt sich zu mir, flüstert „Ach du Scheiße!" und winkt ab, als er meinen offenen Mund sieht. Bettinas blasse Lippen öffnen sich zu einem Hauch von Lächeln, sie nickt in die Klasse und schwebt auf ihren Platz wie ein honigsüßer Spätsommerwind, zart und schwach wie ein Zitronenfalter. Ihre schmaler porzellanener Hals, die tiefen Schatten um ihre wassergrauen Augen und ihr kraftloser, hauchzarter Gang – wie ein Bombeneinschlag aus dem Nichts ist es Liebe. In meinem Kopf ist schlagartig alles mürbe und meine Tagträume sind seitdem bestimmt davon, wie dieses elfenhafte Wesen zu retten ist. Und das ändert sich auch nicht, dass sie später einmal in einem Vortrag zum Tag der Republik haucht:

„Je stärker der Sozialismus, desto sicherer der Frieden. Wir FDJler sind die Kampfreserve der Partei!"
„Nu nu", feixt Fronzke, „so siehst du schon aus!"
Und Simek ergänzt:
„Wie der Sozialismus persönlich – todkrank."
Bettina lächelt sanft und furchtlos wie Walentina Tereschkowa bei ihrer Rückkehr aus dem All und Simek bekommt einen Direktorenverweis – den dritten inzwischen. Den davor bekam er, als er sich im Staatbürgerunterricht mit Filzer das Handgelenk schwarz-rot-gold anmalte, ihn unsere Direktorin anfauchte:
„Warum schmückst du dich mit den Farben des Klassenfeindes!?", und Simek gelangweilt zurücksülzte:
„Ich bin noch ni fertsch. Wenn Sie noch bissl über die Ökonomie des Sozialismus erzähln, schaffe ich ooch noch Hammer, Sichel und Ährenkranz."

Doch einmal verrutscht auch dem abgebrühten Simek die Larve. Er fällt aus allen Wolken und stiert Bettina mit aufgerissenen Augen an, als sie erzählt, dass ihre Tante im Plattenbaugebiet im Dresdner Südosten Trautmann die Haare macht.
„Ich bin ihm dort schon paar Mal begegnet und darf Andreas zu ihm sagen. Auch mit Ulf und Torsten bin ich befreundet."
„Mit wem?"

„Na mit Kirsten und Gütschow."
DAS legendäre Dresdner Sturmduo! Wie vom Storch entdeckt, wechseln wir abrupt in die Froschperspektive.
„Echt!? Erzähl!"
„Andreas und Torsten macht sie immer Kaltwelle, bei Ulf nur Waschen und Schneiden. Die sind alle voll lieb. Torsten quatscht nur Mist und erzählt Witze, aber Andreas ist ein richtiger Kavalier, redet nicht viel, aber ist voll höflich und so. Und meine Tante sagt, auch nicht so durchschnittlich gestrickt wie die Fußballer sonst. Ich glaube, sie schwärmt ein bisschen für ihn. Auch weil er ein so schöner Mann ist, sagt sie. Annett kriegt auch regelmäßig Besuch von Mitarbeitern des Ministeriums, also, bevor die Mannschaft zu Spielen ins NSW reist. Oder auch, wenn sie zur Nationalmannschaft delegiert wurden. Die interessieren sich, wie es den Spielern geht und was sie so erzählen, sowas eben."
„Schreibt die Berichte!?"
„Nein, sie arbeitet ja nicht selbst fürs Ministerium. Nur so unterhalten, ob die Spieler zufrieden sind und was sie fürs Haare-Machen bekommt. Was die so erzählen, wie es drüben ist und was sie ihren Frauen mitbringen. Na ja, so viel weiß Annett ja auch nicht. Und es geht ja auch darum, dass sich die Spieler wohlfühlen im Kollektiv. Darum kümmern sich die Genossen eben, und das ist sehr schön."

„Hm, wirklich ganz große Klasse von den Genossen ..."

Und noch ein zweites Mal verliert Simek die Fassung, als es um Bettina geht. Es ist ein Novembermontag und sie wird zum Schultor gebracht. Bettina steigt aus dem Lada und humpelt kalkig und tränenverschmiert an uns vorbei, ihr Zauber gebrochen, das atemberaubende Flair gelöscht. Ihr linkes Auge ist komplett zugeschwollen und auf derselben Seite sind Mund und Wange grün und blau. Über ihrem Nasenbein klebt schräg eine Kompresse. Wie ein Lauffeuer verbreitet es sich, die Mosambikaner sind's gewesen. Wir kennen einige von denen. Seit ein paar Jahren sind sie da, junge Kerle, Vertragsarbeiter im Heizkörperwerk. Normal sind sie unter sich und wohnen in einem werkseigenen Heim. Wir sehen sie nur, wenn wir dort selber arbeiten müssen – alle zwei Wochen in Werken –, ansonsten lungern sie vor ihrer Unterkunft, spielen Tischtennis, trinken Bier und pfeifen den Weibern nach. Im Fußballverein dürfen sie nicht mitmachen, warum auch immer, obwohl es einige von denen richtig draufhaben. Überhaupt werden sie nicht gern gesehen, die Leute sagen, es sind Bimbos und sie riechen streng. Die Schuldirektorin sagt, sie sind unser Brudervolk und es handelt sich um internationale Solidarität unter sozialistischen Staaten, aber es ist in bestimmten Kreisen fast schon

Hobby, den Schwarzen aufzulauern – bevorzugt nach Diskos – und sie aufzuklatschen. Die Bullen scheint es nicht groß zu jucken, zumindest lassen sie sich erst blicken, wenn die Schläger über alle Berge und die Schwarzen Jungs auf der Intensivstation sind. Und Genosse Kirsch interessiert's gleich gar nicht, im Gegenteil, Bettinas Alter dreht regelmäßig durch, wenn sie sich mit den „Affenfickern" verabredet hat, beschimpft sie als „Negermatratze" und prügelt auf sie ein. Kann sein, dass einer von denen ein Auge auf sie geworfen hat, kann auch sein, dass sich Bettina in einen verschossen hat. Kann aber auch sein, dass sie die „internationale Solidarität" wörtlich nimmt und sich einfach nur um die Gastarbeiter kümmert. Ich selbst bin wie gelähmt, kann überhaupt nichts tun vor Schmerzen, die mich bei Bettinas Anblick überziehen, aber Simek schultert schnurstracks ihren Ranzen, stützt sie die Treppen hinauf bis ins Klassenzimmer, hilft ihr sich hinzusetzen und fragt eindringlich:
„Bettina, wer war das?"
„Die Mosambikaner jedenfalls nicht."
„Wer hat dir das angetan? Dein Alter – stimmt's!?"
Sie schaut an ihm vorbei und haucht in Tränen leise:
„Kannst du's für dich behalten?"
Ich aber habe es gehört – und geahnt, weil es nicht das erste Mal war.
„Kommt überhaupt nicht in Frage! Was zu viel ist ..."
Bettina stöhnt:

„Ihr könnt überhaupt nichts tun. Haltet euch ja zurück! Außerdem ist das meine Sache."
„Nein, hier ist das Kollektiv gefragt!", stelle ich mit äußerst wichtiger Mine klar und hoffe insgeheim, meine Wortwahl würde bei ihr zünden. „Wann, wenn nicht jetzt, ist Solidarität gefragt, und wir als FDJler ..."
„Erstens bin ich kein FDJler", grunzt Simek, „und deine Solidarität kannst du dir in deine Popperlocke schmieren!"
„Dann machen wir ihn eben alleine klar. Vier von uns, der hat keine Chance. Abpassen, vom Moped zerren und so verdreschen, dass er nicht mehr ..."
„Und dann?"
„Liegen lassen. Mir doch egal."
Bettina schluchzt. Simek macht den Scheibenwischer:
„Du bist doch bescheuert. Hast du 'ne Vorstellung, was dann abgeht!? Der ist Bulle und Partei-Schwein. Da kommt die Kripo oder es rückt gleich das Ministerium an. Die stellen hier so lange alles auf den Kopf, bis sie uns gefunden haben. Und dann bist du die längste Zeit an der Schule gewesen. Das wird gar nicht reichen. Da riecht nach Jugendwerkhof und dort wirst du zerstört. Sieben Tage die Woche zehn Stunden Strafarbeit und wenn du zuckst, findest du dich in einer Zelle wieder, ohne Licht und Fressen. Tschüss Dynamo! Tschüss Fanclub! Tschüss Eltern! Weiber kannst

du dort mit Kreide an die Wand malen, das war's. Und von früh bis abends kriegst du erzählt, wie schön die Sowjetunion ist, bis du glaubst, du bist selber Russe. Dort willst du nicht hin. Und wenn du wieder rauskommst, bist du Roboter. Umprogrammiert und hirntot. Dort will niemand hin!"
Simek wusste, wovon er spricht. Sein Onkel war im Jugendwerkhof gewesen. Angeblich hatte er '68, als die Rote Armee in die Tschechoslowakei einmarschierte, eine Bombe gebastelt und in der Schulschlotte gezündet. Viel ist nicht passiert dadurch, aber er und sein Freund haben noch ein riesengroßes Hakenkreuz auf den Schulhof gemalt und daneben Hammer und Sichel.
„Dreimal haben sie ihn in Torgau eingesperrt, insgesamt fast ein Jahr. Meine Mutter sagt, aus Wolfgang hätte sonst was werden können, Physiker vielleicht oder Arzt. Den findest du heute irgendwo bei Meißen in einer LPG, wo er Gülle fährt und Rinder schrubbt und wo er auch wohnt. Den hamse erfolgreich gehirnbefreit."
„Aber wir müssen doch irgendwas machen!"
„Kennst du einen Einzigen, der hier was macht?" Simek lässt mich gar nicht erst zu Wort kommen. „Glaubst du, dass du hier irgendwas veränderst? Oder kennst du jemanden, der das glaubt? Zeig ihn mir! Ich kenne keinen. Es heißt Sozialismus, aber in Wirklichkeit ist es nichts anderes als ..."
„Geht's noch!? Wir sind hier doch nicht bei Hitler!"

„Nee, sind wir nicht. Aber denkst du, die Leute unter Adolf hatten nichts zum Anziehen, nichts zum Fressen oder sind nicht zum Fußball gerannt?"
„Darum geht's doch überhaupt nicht!"
„Eben, oder eben doch! Wer damals das Maul aufgemacht hat, kam ins KZ. Wer heute das Maul zu weit aufreißt, etwas sagt, was nicht in die Welt passt, kriegt Besuch vom Ministerium und wenn er's dann immer noch nicht lässt ..."
„Das geht echt zu weit!"
Bettina ist inzwischen völlig aufgelöst. Ich stimme ihr zu, weil ich gerade mega verschossen in sie bin und hier meinen großen Auftritt sehe.
„Simek, das geht wirklich nicht, was du hier ablässt. In der DDR werden keine Menschen ausgegrenzt und verfolgt. Unser Land ist der erste antifaschistische Staat auf deutschem Boden. Und auch wenn noch nicht alles funktioniert, niemand sagt, dass Sozialismus leicht ist, so befinden wir uns doch auf dem richtigen Weg ..."
„Zum Kommunismus was!? Hörst du dir überhaupt zu?"
Simeks Gesicht hat Flecken gekriegt.
„Hier werden keine Menschen ausgegrenzt!? Das kannst du dem Kuckuck erzähln. Hier gibts ganz klare Parallelen zum Dritten Reich. Wer nicht für die Partei ist, ist gegen sie. Damals wie heute Gleichschritt. Eine Partei, eine Zeitung, von mir

aus drei, ein und dasselbe Programm. Heute Pioniere, früher Pimpfe genannt. Eure FDJ, bei Adolf Hitlerjugend. Verpflichtest du dich nicht zu drei Jahren Armee, brauchst du über ein Studium gar nicht nachdenken. Trittst du nicht in die Partei ein, kannst du irgendwelche Ideen von Karriere direkt in den Skat drücken. Mein Großvater sagt, unter Adolf ist der Dümmste zu Macht und Ehren gekommen, Hauptsache, er war in der NSDAP. Und wenn du der absolute King sein wolltest, hast du bei der SS angeheuert. Kommt dir das irgendwie bekannt vor? Nein? Sollte es aber! Brauchst dich bloß mal umgucken, in unserer Nachbarschaft gibt's genug solcher Arschgeigen, die Vorteile abfassen, wo es nur geht, aber uns das Leben zur Hölle machen dürfen, weil die Hirnies in der Partei sind. Klar wird hier keiner vergast, aber gerade du solltest am besten wissen, dass du in diesem Land null Zukunft hast, du kleine Friedenstaube, die lieber mit den Weibern Sani-Kurs macht, als mit ins Wehrlager zu fahren und bissl mit der MPi rumzuballern. Du Clown! Was du hier vom Stapel lässt, mit ‚Sozialismus ist nicht so leicht' und solchen Müll, echt eh, ich könnte kotzen. Nur weil du verknallt bist über beide Ohren, du Pfeife, musst du hier nicht anfangen, Dünnschiss zu seiern. Wir können genau eins machen, und so wird's auch allen mitgeteilt: Betti wird in den Fanclub aufgenommen. Da ist sie zumindest bei uns. Einverstanden Bettina?"

„Was für ein Fanclub?"
„Das erzählen wir dir später. Ist eine gute Sache. Sag deinem Alten, es geht um die Sportvereinigung Dynamo – da ist er doch Mitglied, stimmt's? – und das Kollektiv hat dich zur Schriftführerin gewählt. Wir sind quasi die Patenbrigade von Andreas Trautmann."
Ich bin zu plattgewalzt, um darüber feixen zu können.

Vergangenes Schuljahr mussten unsere Jungs ins Wehrlager. Rode und ich erklärten, dass wir es aus pazifistischen Gründen ablehnen, am Gewehr ausgebildet zu werden, und blieben „am Herd" – wie es Fronzke ausdrückte. Für uns bedeutete dies, gemeinsam mit den Mädchen am „Lehrgang für Zivilverteidigung" teilzunehmen. Eine wunderbare Sache! Wir durften Bettina und den anderen aus den ABC-Schutzanzügen helfen, ihnen die Gasmasken abziehen, wenn sie während der 800-Meter-Läufe kollabierten, und uns bei 30 Grad Celsius um ihre „Wiederbelebung" kümmern. Einmal spielten wir einen Bombenangriff durch und evakuierten die ganze Schule. Die Klassenstufen eins bis vier wurden von uns mit Kunstblut eingesabbert und bei „Los!" auf den Schulhof gezerrt. Im Akkord behandelten wir nach allen Regeln der Feld- und Wiesenmedizin Verbrennungen oder multiple Knochenbrüche,

brachten uns gegenseitig in die stabile Seitenlage und schleiften ausgesucht schwere Kinder auf Feldplanen zum Verwundetenplatz. Was ein Spaß! Garniert wurde der zwölftägige Hokuspokus mit Politunterricht und dem Besuch eines Reserveoffiziers der NVA, der, begleitet von einem Sprachfehler, allerhand über den Klassenfeind zu berichten wusste. Der Knaller war:
„Der Aggressor sitzt nicht nur in Ponn."
Rode sagt laut:
„Bonn am Rhein mit babschem P", und alle feixen.
Der Reserveoffizier sagt:
„Ja richtig, Ponn" – und Rode ganz trocken in meine Richtung:
„Der ist ja noch dümmer als unser Hund."
Ich pisse mich fast ein vor Lachen und muss vor die Tür. Als die Stunde rum ist, radeln wir zusammen zum Stausee, köpfen zwei Pils und wälzen uns mit Lachkrämpfen im Sand. Ich schieße meine leere Pulle mit Karacho weit auf den See hinaus, kneife die tränenden Augen vor der Sonne zusammen und brülle vor Glück:
„Johann-Roderich Günzke, du hast Weltniveau!"

Am letzten Tag ist Fahnenappell und dann Abschlussmarsch durchs Gelände geplant. Rode und ich sind abends zuvor erst am Stausee und dann in einer Dorfkaschemme versackt. Er sollte mich eigentlich nach Hause bringen, wenn's völlig finster wird, aber Rode wirds selbst nicht zu sich geschafft haben. Wo er gepennt hat, weiß ich nicht, ich erwache im Morgengrauen vom Vogelgezwitscher und liege im vorderen Fußballtor unseres Schulsportplatzes eingehüllt in eine Zeltbahn. Ich fühle mich, als wäre mir die S-Bahn höchstpersönlich begegnet – und zwar frontal. Meine Beine sehen aus, als hätte ich eine wilde Hatz durch Brombeerhecken erlebt. Bleibe ich liegen oder stelle ich mich noch mal unter die Dusche? Ich krieche eher nach Haus, als dass ich laufe, haue mir fix was hinter die Kiemen und wasche das, was vom Vorabend übriggeblieben ist. Mein Gesicht sieht irgendwie anders aus, schon beim Biss in die Semmel merke ich, dass da irgendwas nicht hinhaut. Der Morgen ist schon wieder viehisch heiß, mir ist übel für drei, ich ziehe die Uniform an, steige in diese scheiß Stiefel und schleppe mich schwitzend zum Appellplatz. Je mehr ich ausdünste, desto intensiver melden sich die Frontzähne. Pampig trockener Krust hat sie bis jetzt zusammengehalten und die Nerven waren noch nicht in der Lage, Signale durch den inneren Äther zu senden. Doch jetzt zündet's von unten bis unters Dach, erst wackeln die Knie, dann krachts im Bauch oder sind's die Rippen? Pünktlich zu Ansprache unserer FDJ-Rats-Vorsitzenden – Bettina, wer sonst – melden die Kiefer Alarm. Meine Zunge beleckt die obere

Reihe und kann mindestens fünf Zähne locker vor und zurückschieben. Schmeckt ein bisschen nach Blut, na Holla die Waldfee. Wo ist Rode? Bettina ist zum Ende gekommen, es spricht nun irgendein zerfalteter Antifaschist, der aussieht wie ein Stück weiße Kreide in zu großer brauner Hose, gefolgt von unserer Direktorin, die etwas zur „sozialistischen Landesverteidigung" zum Besten gibt. Nur Schwaden davon, wie von drei Wänden echoverblassend zurückgeworfen, dringen in mein watteweiches Hirn. Die Turnhalle im Hintergrund rollt sich wie eine Schnecke zusammen und ploppt wieder zurück, die gegenüber angetretene Klasse flackert wie eine Fata Morgana, in mir gurgelt scharf irgendwas von gestern. Nun noch schnell die Fahnen gehisst, eine rote mit Emblem der Gesellschaft für Sport und Technik und die von unserm Land, und dann Hacken zusammen, Hände an die Hosennaht, Abträllern von „Partisanen vom Amur": „Rot vom Blut wie unsere Fahne war das Zeug. Doch treu dem Schwur |: stürmten wir, die Eskadronen, Partisanen von Amur:|".
Dann endlich die Direktorin nochmal, die auch irgendwie seltsam rüberkommt, wie ein Schwein im Kleid:
„Rührt euch! Ich beende den Fahnenappell mit dem Gruß der Freien Deutschen Jugend: Freundschaft!" – und wir alle:
„Freundschaft!"

Obwohl ich die „Partisanen vom Amur" sonst inbrünstig mitschmettere, weil mir einfach die Melodie so gut gefällt, schmerzte heute jede Note und bei „Schwur", „Eskadronen" und „Freundschaft!" halte ich mir spontan die rechte Hand vor den Mund, aus Angst, mir würden die Schneidezähne rausfallen. Nur ganz leise reden geht, nichts denken und den Kopf sanft drehen – nein, gar nicht drehen – bei „Rührt euch!" breche ich fast zusammen. Wenn wir nicht gleich sinnlos irgendwohin marschieren, falle ich in Ohnmacht. Mann, ist mir schlecht. Wenn ich jetzt kotzen muss, ist mir egal, an welches Bein. Und wo verdammt noch mal ist Rode?
„Antreten! Im Gleichschritt Marsch! Links, zwo, drei, vier! Ein Lied!"
Ilona ruft:
„Heut ist ein wunderschöner Tag".
Der Offiziersschüler, der nebenher stampft brüllt weiter:
„Anstimmen!"
Unser Zug verlässt das Schulgelände, singend biegen wir Richtung Stadtrand ein:
„Heut ist ein wunderschöner Tag, die Sonne lacht uns so hell. Und wie ein lichter Glockenschlag grüßt uns die lockende Ferne."

Unerbittlich jagt uns das Arschloch Feldwege hoch und Asphaltstraßen hinunter. Als wir wieder durchs

Schultor krauchen, ist jeder „lichte Glockenschlag" längst verhallt und wir sehen durch die Bank weg aus wie frisch überfahren. Mir selbst geht's befremdlich gut. Nur wenn meine Füße stehen bleiben, wandert der Restkörper weiter und die Übelkeit ist Hokuspokus wieder da. Sei's drum, wird schon wieder. In der Turnhalle – die schönerweise keine Faxen mehr macht – reiße ich mir die Uniform vom Leib, ziehe Jeans und Nicki an und gehe voller Sorge zum Lehrerzimmer. Klopf, klopf. „Herein!"
„Freundschaft!"
„Ah, Pit! Was hast du auf dem Herzen?"
Unser Geschichtslehrer, Dynamo-Fan, weiß unfassbar viel und trinkt ganz gern mal einen über den Durst. Einmal hat er sich ganz hervorragend mit unserer Direktorin angelegt. Donnerstag früh um acht, Hindemith eiert durchs Schultor, wir warten oben an den Fenstern, als die dumme Kuh aus dem Hauptportal geschossen kommt:
„Genosse Hindemith! Sie sind unpünktlich und Sie sind ..."
„Kollege, nicht Genosse! Hicks. Gestern war Europacup, Dynamo hat gewonnen. Mit Parteisekretär Tilgner haben wir noch ein bisschen gefeiert. Hicks. Es ist spät geworden."
Bei „Parteisekretär" nimmt die olle Schabracke Haltung an – ob sie Tilgner überhaupt kennt? Fünf Minuten später betritt Hindemith das Klassenzimmer:

„Guten Morgen! Was ein Abend! Was ein Morgen! Völkerschlacht – wo waren wir stehen geblieben?"
Er ist unser Lieblingslehrer. Ich stehe leicht ungelenk in der Tür und halte mich sicherheitshalber am Rahmen fest.
„Du siehst nicht gut aus, bist du krank?"
„Äh, nein, gesund. Bisschen heiß heute. Herr Hindemith, Johann-Roderich ist heute nicht gekommen. Haben Sie etwas gehört ..."
„Setzt dich mal hin. Sein Vater war heute früh da, Johann-Roderich wurde heute Nacht nach Friedrichstadt in die Notaufnahme gebracht. Was genau ist und wie es um ihn steht, wusste sein Vater auch noch nicht, nur dass er mehrere Knochenbrüche hat. Er ist aber bei Bewusstsein."
„Wer hat ihn in die Notaufnahme gebracht?"
„Die Polizei hat nachts geklingelt, dass der Vater ins Krankenhaus kommen soll. Warum fragst du?"
„Is ja wichtig."
„Weißt du was? Wart ihr gestern zusammen unterwegs?"
„Ich weiß eben nichts, ich dachte, Sie ..." und rase los. Nach Hause. Aufs Fahrrad. Wie betäubt zum Krankenhaus. Rode liegt im Haus C in einem Raum mit 7 anderen. Es riecht nach Gips und Sepso und alle Fenster sind geschlossen.
„Rode!" – ich stütze mich am Fußende auf den Bügel seines Rollbetts und keuche wie ein Ochse, „Was machst du für Sachen!?"

Der Kopfverband lässt gerade ein Auge und seinen Mund frei, die Nase ist dick beklebt und aus den Löchern gucken rote Wattepfropfen.

„Ich!?", flüstert er. „Die Frage kannst du dir mal selber stellen!"

„Ich weiß nichts mehr."

„Warum wundert mich das nicht!"

„Man, erzähl schon! Was ist passiert?"

„Du bist ein Vollarsch!"

„Was?"

„Vollarsch!"

„Nee, lauter."

„Geht nicht. Kiefer gebrochen. Außerdem bekomme ich schlecht Luft."

„Oh Mann! Du siehst übel aus. Hast du starke Schmerzen?"

„Ja, jetzt, wo ich dich sehe ..."

Ich schiebe einen Hocker neben seinen Kopf, beuge mich runter, Rode macht das Auge zu, leise und mit Pausen erreicht mich seine Zusammenfassung.

„Du weißt, dass wir noch in der Linde waren?"

„Äh, ja, wir wollten zumindest noch hin."

„Oh Gott! Erinnerst du dich, dass dort Günther mit seinen Nazis war?"

„Äh, nein."

„Und dass die Mosambikaner da waren?"

„Nein."

„Und dass wir dort wegen dir viehisch auf die Fresse gekriegt haben!?"

„Ich bin heute früh gegen fünf aufgewacht und habe absoluten Filmriss."

„Dann höre mir gut zu, wenn ich hier raus bin und wieder krauchen kann, bekommst du von mir auch noch aufs Maul! Aber so richtig!"

„Mann, Rode, jetzt erzähl doch mal!"

„Du warst schon am Stausee völlig hacke und wolltest unbedingt noch Weiber gucken, also sind wir in die Linde. Ich weiß selber nicht, wie viele Pils wir uns noch reingescherbelt haben, jedenfalls gab's draußen Stress zwischen Günther und ein paar Mosambikanern. Einer von denen lag und Günther seine Truppe haben ihn bearbeitet. Und du, mein Freund, hattest nichts Besseres zu tun, als hinzuseppeln und Günther dumm vollzuquaken, von wegen ‚Brudervolk' und ‚Solidarität' ..."

„Ja, aber ..."

„Halt bloß die Fresse. Du hast nur Stuss gequatscht, diesen ganzen Ruß, den du dir von Bettina eintrichtern lassen hast. Aber Günther hat eben nichts am Hut damit. Der findet Schwarze scheiße und macht Jagd auf sie, besonders, wenn sie auf seiner Disko mit Mädels rummachen. Günther ist Neonazi, das weiß jeder. Bloß du Rindvieh musst es ihm direkt ins Gesicht plärren!"

„Echt!?"

„Ja, und dafür hat er dir direkt eine gezimmert. Da lagst du zum ersten Mal im Dreck."

Ich setze mein dümmstes Gesicht auf, aber eigentlich fühle ich mich geadelt.

„Hab ich dem echt gesagt?"

„Gebrüllt hast du. Wie hohl muss man sein!? Ich dachte, jetzt ist Feierabend, der hat dir deine Birne bestimmt zwanzig Zentimeter nach hinten gekloppt. Aber paar Minuten später sehe ich dich mitten in dem Haufen, der gerade den Mosa aufmischt. Übrigens liegt der auch hier." Rode nickt nach rechts und verzieht dabei vor Schmerzen das Gesicht. „Dabei kriegst du zum zweiten Mal eine durchgeladen. Und das war's."

„Wie das war's?"

„Licht aus. Bewusstlos biste gewesen."

„Und du?"

„Denkste, ich lasse dich dort liegen!? Zwei von den Günthers hab ich umgeschossen, um an dich ranzukommen. Ich war auch schön zu. Aber für'n Arsch ... siehst ja. Die haben mich komplett zermörtelt."

„Und dann? Wie bist du hier gelandet?"

„Keine Ahnung, ich denke mal, die Bullen sind irgendwann da gewesen. Ich habe erst hier wieder die Augen aufgemacht – zumindest eins, das andere ist noch zu."

„Und ich?"

„Das klären wir noch. Als es auf mich eindrosch, habe ich dich wegrennen sehen, hinten durch die Büsche am alten Gasthof. Wenn du noch einmal was von Solidarität faselst ..."

„Ich habe doch ... ich weiß doch auch nicht ..."
„Jetzt hau ab, mir gehts echt mies. Ich muss schlafen."

Zwei Tage später brach mein rechter Schneidezahn raus. Inzwischen haben sie mir einen neuen reingemacht, die anderen sind wieder fest. Rode ist nach drei, vier Wochen wieder einigermaßen hergestellt, sein linkes Auge hängt noch ein bisschen und die Wange darunter ist eingesunken, was vom Bruch des Jochbeins kommt. Simek, Michalske, der kleene Schneider und die anderen sind längst zurück. Fronzke meint:
„War gar nicht so bescheuert. Zumindest ham wir Schießen gelernt, während ihr mit den Weibern Hascher gespielt habt."
„Wahrscheinlich besser so. Hätte ich eine Knarre, würde ich bei Günther und seinen Nazikumpels noch auf ganz andere Gedanken kommen."
„Nazikumpels hin oder her, das war mal wieder typisch!", mischt sich Simek ein. „Erst volllaufen lassen und dann abzischen, wenn's ernst wird."
„Das kannst du überhaupt nicht beurteilen", springt mir Rode zur Seite. „Klar war er voll wie zehn Russen, aber immerhin wollte Pit den Mosa raushaun. Ich weiß nicht, was du gemacht hättest, wenn vor dir fünf solche Viecher aufkreuzen. War vielleicht sogar gut, dass Pit so zu war, sonst hätten die den Kunden totgeprügelt. Wisst ihr

selber, dass das schon vorkam. Und sich mit Nazis anzulegen ..."
Fronzke unterbricht:
„Nazis! Nazis! Ihr immer! Die Günthers sind einfach Bauern und rotzedoof. Die kloppen sich eben gern."
„Fronzke, du bist selber rotzedoof!"
Dass Rode mich so unerwartet in Schutz nimmt, rührt mich und ich ballere weiter:
„Wie würdest du denn solche Kunden nennen, mit Glatze, in Schnürstiefeln und Wehrmachtsmantel vom Opa an? Nur weil du Günther, das Arschloch, vom Fußball kennst. Hast du doch selber gesagt, dass er die Russen hasst und gut findet, was die Deutschen mit denen gemacht haben! Und dass er Ausländer hasst, das hast du doch erzählt. Und dass er den Sozialismus hasst und unser Land."
„Na und? Deshalb ist er doch kein Nazi! Da kenne ich aber so einige, die die Russen und deinen Sozialismus ..."
„Meinen Sozialismus! Du spinnst wohl!"
„Ist mir egal. Jedenfalls gibt's hier keine Nazis. Im Westen von mir aus, aber nicht hier. Hätteste dich mal lieber nicht eingemischt."
Simek schiebt mich auf Abstand, weil ich sichtbar jeden Moment ausraste, und Fronzke faucht er an:
„Du hältst jetzt mal die Fresse, weil du echt übelste Gülle laberst. Das Thema ist hiermit beendet. Es gibt Wichtigeres!"

Am 13. August geht die Oberliga wieder los. Was keiner weiß: Die neue Saison macht Trautmann zu Gott. Bald sind die Sommerferien zu Ende.

Die 10. Klasse startet mit einem Paukenschlag und Dynamo geradezu furios. Hindemith ist abgehaun! Wir schlagen nacheinander Erfurt, Magdeburg und Stahl Brandenburg, zwischendurch hagelt's zu Hause ein kunterbuntes 3:4 gegen Karl-Marx-Stadt. Aber wir sind Tabellenführer, unsere neue TRAUTMANN hängt bei jeder Partie am Zaun, sogar im Magdeburger Grube-Stadion, und wir sind stolz wie Bolle. Andreas Trautmann selbst spielt jede Partie voll durch und ist noch besser als je zuvor.

„Einer muss den Laden hinten zusammenhalten", hatte Hindemith im Frühjahr noch gesagt, als er unsere Klasse bei der Fußball-Spartakiade als Trainer begleitete.

„Bei Dynamo wächst ganz offensichtlich Andreas Trautmann in diese Rolle hinein. Ein großartiger Fußballer. Mit ihm lösen wir den BFC ab – ihr werdet's sehn!"

Das hatte er noch gesagt und keiner hatte ihm geglaubt, einfach weil wir niemanden anderen als den BFC als Meister kannten. Es war auch Hindemith, der uns anvertraute:

„1978, zu unserer letzten Meisterschaft, war der Minister persönlich in der Kabine des BFC und

befahl, dass jetzt Schluss ist mit Dynamo Dresden. ‚Der DDR-Meister muss aus der Hauptstadt kommen!', so hat er es gesagt."
Davon berichtete aber nicht nur Hindemith, das wusste in Dresden jeder. Und dann muss es ja stimmen! Im Stadion sagen es die Leute sogar laut, was auch überhaupt das Beste am Stadion ist, dass man dort alles laut sagt, was man ansonsten nur flüstert.
Von Hindemith stammt auch:
„Was wir hier besprechen, geht draußen niemanden etwas an. Sonst bringt ihr mich und eure Eltern in Teufels Küche. Verstanden!?"
So richtig verstanden haben wir es erst spät, aber daran gehalten haben wir uns immer. Und nun ist er drüben geblieben. In den ersten drei Schulwochen wird nur drüber getuschelt, nur Michalske mit den großen Pfoten, den unser Geschichtslehrer zu einem noch größeren Torwart geformt hatte schrie:
„Nie und nimmer! Nicht der Hindemith!"
Doch bald verdichten sich die Gerüchte, in seiner Wohnung brenne kein Licht mehr und er sei doch schon Anfang der Ferien auf West-Reise gewesen. Einer klugscheißt:
„Der hat doch schon letztes Jahr sein Parteibuch abgegeben!" und der nächste schimpft:
„Erzähle nicht so dummes Zeug, der war nie in der SED!"
Im Unterricht vertritt ihn die knusprige, aber selten blöde Genossin Böckel, die Fronzke mit „so ä

abartig dummes Huhn!" betitelt, um gleichsam ins Schwärmen zu geraten: „Aber dieser Arsch!"
Das Schulbezirksamt lässt über unsere Direktorin streuen, Hindemith sei an eine andere Schule außerhalb Dresdens versetzt worden. Simeks Meinung dazu:
„Nu nu, das Lied haben sie vor zwei Jahren auch schon über die Goldhorn gesungen."
Er meinte unsere ehemalige Deutschlehrerin, die ihrem Mann, der abgehauen war, nach drei Jahren in die BRD folgen durfte, nachdem sie in den letzten beiden Jahren vor ihrer Ausreise auf dem Friedhof unserer Kirchgemeinde Unkraut jäten musste, statt als Lehrerin zu arbeiten.
Mitte September wissen dann alle, was mit Hindemith los ist, weil bei uns am Stadtrand einfach keiner was für sich behalten kann und selbst offiziell Verbotenes so lange hin und her gemangelt wird, bis zum Schluss die Wahrheit heraustropft. Tatsache ist, dass Hindemith Westverwandtschaft hat und eine Reiseerlaubnis bekam, er im Juli für einen Besuch nach drüben durfte und nicht zurückgekehrt ist. Nachdem seine Auslandsreise ins nichtsozialistische Wirtschaftsgebiet offiziell beendet war und der Sozialismus ihn zurückerwartete, knipste die Frau vom Hausmeister – die aber nicht in ihren Mann, sondern in Hindemith verliebt gewesen sein soll – in dessen Wohnung so lange nachts das Licht an und aus, bis angeb-

lich die Stasi die Sicherung rausgedreht und die Wohnungstür versiegelt hat.

Hindemiths Entscheidung macht mich mehr wütend als traurig, als hätte wir eine Verabredung gehabt und er wäre einfach nicht gekommen.
„Jetzt ist der also auch weg", sage ich zu Rode. Wir sitzen unterhalb der verfallenen Windmühle, haben ein kleines Feuer im ausgetrockneten Schlamm angezündet und schauen Fischen zu, die tot auf der Elbe treiben. Heuschrecken schnarren ihren Nachtgesang, die Luft ist voll verblühtem Gras, der Uferschlick stinkt nach Heizöl.
„Aber Pit, ich kann den Hindemith voll verstehen und all die anderen."
„Ich weiß nicht, er hat uns im Stich gelassen. Einfach abhauen, keinem was sagen ..."
„Wir werden bald sechzehn. Weißt du, was ich von dieser Welt gesehen habe!? Einmal Prag und zweimal Rügen, ganz oben, wo du abends aber nicht mehr an den Strand darfst, weil sie verhindern wollen, dass sich einer ins Boot setzt und nach Schweden rudert. Das war's."
„Ich war als Kind mit meinen Eltern in Moskau."
„Echt!?"
„Ja, mein Vater arbeitete ein paar Jahre an der Lomonossow-Universität, aber an viel erinnere ich mich nicht. In die Schule gekommen bin ich hier."
„Moskau, na ja. Ich will mal London sehen und in

,Piraten' von Heinz Neukirchen habe ich was von den Bahamas gelesen. Oder Hawaii, wo du Blumen zur Begrüßung um den Hals gehängt kriegst und dazu die Weiber halbnackig mit dem Hintern wackeln. Ich will nicht in den Thüringer Wald, dort war ich schon, das kotzt mich an, ich will in den Alpen wandern. Ich will wissen, wie es in Chicago aussieht, nicht nur drüber lesen, ich will dahin."
Simek lässt sein drittes Coschützer die Böschung herabkullern, zündet sich eine f6 an und mischt sich ein:
„Ich träume davon, mit Dynamo im Europacup auswärts zu fahren, wenn wir in Wien spielen oder in Helsinki. Wenn du dir ankuckst, wo die schon überall waren, Liverpool, Turin, Hamburg, Lissabon, Dublin, Kopenhagen ... Wahnsinn! Nächste Woche müssen sie in Aberdeen ran, da musst du erst mal gucken, wo das überhaupt ist, Schottland. Und wir! Wir eiern nach Leibzsch oder nach Jena, wo du überhaupt nicht freiwillig hinwillst. Das machst du nur für Dynamo! Wen interessiert Halle? Was soll ich in Erfurt? Noch schlimmer: Zwickau! Sehen alle aus wie von denselben Eltern und reden einen Dialekt gruseliger als in Karl-Marx-Stadt. Das ist Folter! Und dann fährst du zu Union oder zum BFC und stehst an dieser kack Mauer und hundert Meter weiter ist Westberlin und dort kommst du sowieso nie hin. Das ist einfach eine riesengroße Scheiße alles!"

Fronzke, der ausgestreckt im Staub liegt, dreht seinen Kopf zu Simek:
„Ich sag dir was!"
„Was noch?"
„Ich mache die Lehre und dann bin ich hier ooch weg."
„Machst du nicht!"
„Und warum?"
„Weil die im Westen keen Trautmann ham."
„Da nehmsch'n eben mit. Ich will raus aus diesem Piss-Land!"
Irgendwas huscht ins braune Wasser, „zi-witt, zi-witt" jagen die letzten Schwalben über den Fluss, um das offene Dachgebälk der Windmühle kreisen Fledermäuse. Ich nuckle meinen Flachmann aus und unterbreche die Stille.
„Warum Trautmann nicht auch einfach drüben bleibt? Der würde in der Bundesliga voll einschlagen, HSV zum Beispiel."
Fronzke grunzt:
„Hast du sie noch alle! Wenn überhaupt, Gladbach. Aber warum sollte er das überhaupt machen!? Er spielt mit Dynamo jedes Jahr international. Und Trautmann ist auch gar nicht der Typ dazu."
„Wozu?"
„Um abzuhauen. Trautmann ist eine ehrliche Haut, ein Arbeitersohn."
„So ein Müll!", unterbricht Simek. „Deinen ‚Arbeitersohn' kannste dir in die Haare schmieren! Guck

dir doch an, wie viele Arbeitersöhne in den Westen machen, letztens erst Zimmer, unser Gas-Wasser-Scheiße-Mann, auf Montage in Düsseldorf und zack, drüben geblieben. Oder Lorenz, der immer das Schuldach geflickt hat, auch fort. Und wenn du so willst, Hindemith war auch ein Arbeitersohn, sind wir ja alle hier, Arbeiter- und Bauernsöhne. Könnte kotzen! Aber ich denke auch, dass Trautmann hier bleibt. Einfach, weil er was im Hirn hat. Es ist noch nicht so lange her, dass Lippmann abgehaun ist und ihr wisst, was da los war. Das Ministerium hat kein Stein auf dem anderen gelassen und Dynamo lag in Trümmern. Nee nee, dafür ist Trautmann zu intelligent. Und außerdem werden sie ihn als Nationalspieler bewachen wie die Schießhunde."
Dynamo erkämpfte sich in Schottland ein 0:0.
„Bunne" Bunnemann bekam den Auftrag, sich um Karten fürs Rückspiel zu kümmern.
„Und außerdem, mein Freund", Simek setzt seinen allerbedeutungsvollsten Blick auf, „acht Karten gegen den BFC – egal wie!"
Bunnemann streichelt sich über den braunen Palomino-Pulli, seine Augen fangen an zu leuchten und ich behaupte, in seinem Mund köchelt der Sabber. Jedenfalls tropft's, wie er affig und ergeben „Auf mich kannst du zählen." flötet. Vielleicht bin ich auch ein bisschen eifersüchtig. Allen Grund dazu hätte ich, denn Bunne ist ein Phänomen und wenn

er zusagt, was zu klauen, zu fälschen oder sonst wie zu „organisieren", dann klappt das. Fies, präzise und pünktlich. Auch wenn die halbe Stadt tagelang nach Dynamo-Karten Schlange steht und die andere Hälfte es tief deprimiert gar nicht erst versucht, wenn für einen Stehplatz gegen den BFC Pachtverträge für Kleingärten geboten werden und schließlich an den Eingängen Hunderter rollenweise den Besitzer wechseln – Kartenreißer bei großen Dynamo-Spielen gehören zu den reichsten Männern der Dresdner Unterwelt –, Bunne zieht die Tickets termingerecht, in Menge wie bestellt aus dem Ärmel – und nur für Experten wie uns ist zu erkennen, welche davon gefälscht und welche ergaunert sind. Dann macht er Kasse und jeder gibt ihm unkommentiert das Doppelte, um sich zu ersparen, wie er die lange schmale Kralle öffnet und kojotenhaft wiehert:
„Für DIE Arbeit nehme ich mehr."
Fronzke bringts auf den Punkt:
„Entweder irgendjemand schneidet Bunnemann mal die Eier ab oder er macht Karriere als Parteisekretär."
„Morgen alle um zwölf an der Haltestelle, wir machen direkt hin!" Simek gibt wie immer die Devise vor:
„Absolute Geschlossenheit! Fronzke und Reene, wir holen keinen aus dem Bett. Wenn ihr wieder verpennt, habt ihr diesmal Pech gehabt!"
Nach zwei, drei Plenums-Pils und dem obligatorischen Schnaps auf Andreas Trautmann dürften

alle nicht allzu spät im Kahn sein und morgen fit. Mir ist aber schon auf dem Heimweg flau, ich schwitze komisch und schiebe lieber das Rad. Wird die Aufregung sein, ich kenne das. Manchmal vor wichtigen Spielen geht essen gar nicht und schlafen nur wie zerhackt, und wenn ich mal wegsacke, spukt in meiner Birne verschärftes Zeug. Im Ergebnis bin ich am Spieltag voll neben der Spur. Doch an diesem Morgen ist es anders, kaum aufgerichtet, falle ich wieder aufs verschwitzte Laken zurück. Und dann geht sie ab, die wilde Fahrt, affenartig dreht sich das Bett, so schnell, dass meine Füße kalt vom Fahrtwind werden. Ich ziehe die Notbremse, schnelle wie katapultiert nach oben, kotze im Strahl die Wand an und falle um. Vermutlich nach nur ein paar Sekunden komme ich wieder zu mir und fühle mich so elend, dass das Fußballspiel nur ganz weit hinten zwischen meinen Ohren hallt. Abwechselnd fühle ich mich wie eine Feder oder ein nasser Hund. Ich rieche mich, aber waschen kommt überhaupt nicht in Frage. Es genügt, die Augen zu öffnen ... Alle einsteigen bitte! Klingelingeling. Karussell.

„Mist!", schießt es mir ins Hirn. „Die TRAUTMANN liegt gewaschen in deinem Schrank!"

Letztens auf der Rückfahrt aus Zwickau platzte eine Flasche Gotano. Die Fahne, im selben Rucksack, war nur noch ein verklebter Batzen und

Simek rastete komplett aus. Da ich den Wermut mitgebracht hatte, „hast du dafür zu sorgen, dass die Fahne in einer Woche aussieht wie nigelnagelneu! Und wehe du bügelst! Dann kracht's!" Ich rufe nach meinem Bruder.
„Matze, du musst schnell zu Simek. Ich kann unmöglich zu Dynamo, aber die Fahne ..."
„Na, her damit, ich bringe sie ihm."
„Auf gar keinen Fall! Du bist nicht im Fanclub."
„Du bist echt ni sauber! Aber gut, ich fahr hin."
Fünfzehn Minuten später quietscht Simeks Schwalbe im Hof.
„Ey, bist du bescheuert!"
„Nee, krank."
„Quatsch! Der BFC ist da. Wasch dich und los!"
„Ich kann nicht. Echt, es geht nicht."
„Oh Mann eh ... Warte!"
Draußen spritzt der Sand, weg ist er ... und nach zehn Minuten wieder da.
„So, mein Alter nimmt das auch immer, wenn er zur Schicht muss und es ihm komisch geht. Ich rühre dir das jetzt zusammen und dann haust du dir's rein. Haste mal eine große Tasse?"
„Simek, ich kenne dich jetzt wirklich schon lange ..."
„Quatsch nicht! Tasse!"
„Was wird das überhaupt?"
„Guck einfach zu."
Simek kramt in einem Beutel und kippt nach Anleitung zusammen.

„Also, halbe Tasse heißes Wasser. Warte ..."
Simek kommt aus der Küche zurück.
„So, jetzt Hälfte Wodka, Hälfte Korn." Gluck gluck gluck.
„Hier, davon nimmst du drei." Er klickt Tabletten aus verschiedenen Packungen.
„Die Scheiße fresse ich nie im Leben!"
„Hab dich nicht so!"
„Weißt du wenigstens, was das ist?"
„Ja, steht drauf. Das heißt Aminophenazon, was gegen Schmerz, davon zwei, und das hier Ascovid, sind nur Vitamine, nur eine. Klingt eigentlich harmlos. Also, Sport frei!"
„Ich hab echt Schiss!"
„Mann eh, willst du zu Dynamo oder nicht?"
Ja, ich will. Zuerst werfe ich mir die drei Pillen rein. Röchelnd sage ich:
„So breite Dinger habe ich noch nie geschluckt."
„Du bist so blöd. Zerbeiß sie und spül's mit der Brühe runter", feixt Simek. „Mach hin, ist ja fast schon wieder kalt."
Gesagt getan, Simek presst mir seine Hand vor den Mund, damit ich nicht gleich alles wieder rauskommt.
„Jetzt ruhst du dich noch ein Stündchen aus und dann bist du fit wie ein Bobfahrer. Wo is'n die Fahne?"
„Im Schrank."

Mir wird heiß und heißer, gleich dreht's mir die Ohren ab ... Simsalabim ... ich bin weg.

„Pit? ... Pit!? ... Huhuuuu! ... Piiii-hiiit! ... Auf-wachen!"
Ganz weit hinten, am Ende meiner zirka zehn Meter langen wunderbar watteflauschigen Wolke flattert doch jemand, so hübsch weiß im Kleid und spielt Harfe. Ob ich da mal hin schwebe? Aber ganz langsam, war ganz schön anstrengend mein Leben.
„Bist du's Mama?"
„Nein, lieber Pit, ich bin der Weihnachtsmann."
„Ach, wie schön. Ich schlaf noch ein bisschen, ja?"
„Nein verdammt! ... Pit!?"
„Ja."
„Du musst munter werden!"
Will ich aber nicht. Wie aus einem Segelflugzeug, das in perfekter Thermik hoch oben in den Wolken gleitet, gewichtslos entspannt, schaue ich auf mich herab.
„Bist du's Simek?"
„In vier Stunden ist Anpfiff und du kommst gefälligst mal aus der Hüfte. Los jetze!"
Anpfiff aha! Ein Anpfiff. Zwei Anpfiffe. Ich muss kichern. Teilnahmslos wurstig, aber in unübertroffener Gemütslage lasse ich mich ins Bad bringen und die Katzenwäsche über mich ergehen. Simek legt mir ein paar Klamotten raus – „Anziehen!" – und knotet mir den schwarz-gelben Schal um den Hals.

„Geht's?"
„Hä?"
„Ob's geht?"
„Du bist mein allerallerbester Freund. Darf ich dich mal knuddeln?"
„Es würde reichen, wenn du dich draußen auf meine Simme setzt und dich gut festhältst."
„Einmal kurz drücken?"
„Pit! Reiß dich gefälligst am Schlübber! Hohl noch mal tief Luft und dann machst du einfach, was ich sage. Wirste sehen, bald geht's dir schon viel besser."
„Mir geht's echt spitze!"
„Was?"
„Spitze!"
„Und in der nächsten Stunde hältst du einfach mal den Schnabel. Einfach zu lassen, ja!? Fliegt sonst was rein."
„Wie rein?"
„Alles gut. War nur ein Test."
„Oh, ein Fest?"
„Halt's Maul!"
Die Fahne im Rucksack und ich an Simek festgekrallt und ohne Helm, saust mir der trockene Septemberwind um die Ohren. Ich bin glücklich, mir ist alles wumpe.
„Was is'n mit dem los?", Fronzke macht große Augen.
„Simek, hat der gesoffen?"

„Nee nee, der ist bisschen erkältet und muss Tabletten nehmen. Was Pit, alles schick – oder?"
„Ja, schön."
Ich komme mir vor wie „Ein Männlein steht im Walde", alles um mich rum ist ewig weit weg, ich nehme lediglich schwammiges Gedöngel wahr und ahne nur, ob mich womöglich wer anspricht. Als die Bahn kommt, hakt mich Fronzke unter:
„Komm, ich helf dir rein. Mensch Pit, du glühst!"
„Ja, schön."
„Hä? Ist dir übel?"
„Was?"
„Ob dir übel ist?"
„Ja, da freu ich mich schon."
„Eh Simek, der ist völlig Banane. Der muss ins Bett!"
„Quatsch! Pit, willst du wieder nach Hause?"
Simek sehe ich zweimal und um ihn drumrum dreimal Fronzke.
„Ach nö, nicht nach Hause. Ich komme mit."
„Klasse! Du siehst auch schon viel besser aus."
Die Straßenbahn kurvt Richtung Stadt und in mir drin ist alles „And our friends are all aboard, Many more of them live next door, And the band begins to play, We all live in a yellow submarine ..."
Alle sind im Stadion, mir fehlt ein bisschen Film. Es ist mordsmäßig voll, noch heißer, und ich sehe nichts außer Himmel. Wenn Dynamo im Angriff ist, die Signalhorn-Fanfaren scheppern, unser Sturm-Vieh Kirsten den Rasen pflügt, alle „Zieehhhhh!" brüllen

oder „UUUUUlf!" und der Beton vibriert, klingelt's mal in der Hirnrinde und macht mich kurz wach. In der Halbzeitpause bin ich munter und klatschnass, in meinen Turnschuhen steht die Suppe. Sille, der anscheinend als mein Betreuer abkommandiert ist, jedenfalls sind wir beide um die Hüften mit Dynamo-Schals verknotet, freut sich sichtbar über meine Lebenszeichen und strahlt mich an:
„Na Mensch, da biste ja wieder? Verpasst hast du bis jetzt nüscht, steht noch null null."
„Sille, mir ist viehisch übel."
„Fronzke, Pit is schlecht."
Der kramt in seiner Hose und hält mir einen kleinen Korn vor die Nase.
„Aber ganz langsam!"
Echter warmer Nordhäuser läuft in mich hinein und brezelt mir in Sekunden die letzte Energie aus den Waden. Fronzke zieht seinen Gürtel aus dem Bund und schnallt mich an den Wellenbrecher, gegen den wir gepresst sind. Anpfiff zur zweiten Halbzeit, wie ein Schluck Spucke schmiere ich in der wogenden Männermasse. Das Spiel findet komplett ohne mich statt, nur gelegentlich dringen kreischen Pfiffe wie ferne Sirenen durch die tiefen Wachspfropfen, mit denen meine Ohren verstöpselt scheinen. Oder Fronzkes verzückte Fratze erschrickt mich wie eine schallende Ohrfeige aus dem Nichts, wenn sie zentimeterdirekt vor meinen Augen erscheint und mir etwas ins

Gesicht speichelt. Vollständige Dumpfheit und Panik liefern sich einen erbitterten Schlagabtausch und ich erwarte jeden Moment, dass es aus den Ohren zischt und meine Schädeldecke abhebt. Doch plötzlich greift Gott ins Rennen ein und begibt sich direkt auf die Überholspur. Eskalationsstufe Zehn, die es nur im Fußballstadion gibt. Simek schreit: „Jetzt! Jetzt! Hau ihn rein!" und Sille – der überhaupt nichts sieht – kreischt:
„Huraaaaa! Hau ihn um!"
Das Irrenhaus ist längst auf Betriebsausflug, jeder im Rund komplett entmenscht, da schlägt's ein und die Luzie geht an die Decke. „Ja!", „Jaaaaaa!", am Sechzehner bekommt Andreas Trautmann die Pille, legt sie sich auf den linken Schlappen und zieht ab. Wie in Zeitlupe wird der Ball lang und länger, von einem Berliner Fuß abgelenkt, ändert er leicht die Richtung, Rudwaleit, der zwei Meter lange Schlussmann im Kasten der Weinroten, geht horizontal, schnellt einen der Krakenarme auf Anschlag, fast hört man seine Schulter reißen, alle Köpfe im Strafraum drehen sich zu ihm um und der Ball zischt um Millimeter an Rudwaleits Handschuh vorbei ins Netz. Über mir schwappt das tosende Männermeer zusammen, die Sonne macht das Licht aus und ich bin weg.

Da bin ich erst wieder, als die Jungs ins Sanitätszelt kommen, in dem ich, Beine oben, neben dem

Kopf einen orangenen Plasteeimer, gelagert werde. Zuerst kommt Bunnemann reingeschlichen und pestet:
„Du hast echt das Beste verpasst", dann stecken die anderen ihre Köpfe rein.
„Könn wir den mitnehm?", fragt Fronzke die Rettungskräfte.
„Er ist wieder stabil, hat aber stark erhöhte Temperatur. Wir würden ihn gern zur Beobachtung eine Nacht in der Klinik behalten. Außerdem ist der junge Mann noch nicht achtzehn, allein gehen lassen können wir ihn eigentlich nicht."
Simek voll seriös:
„Ich bin sein Bruder. Machen Sie sich mal keine Sorgen, wir haben es nicht weit."
Im Übrigen bin ich kein schwerer Fall, vorhin haben sie jemanden mit zwei gebrochenen Fußgelenken abtransportiert und neben mir grunzt einer mit triefender Platzwunde auf der Stirn, ganz abgesehen von den ganzen Schnapsleichen, die draußen liegen, wo keiner genau weiß, ob die heute noch mal aufwachen. Ich bekomme noch ein Glas Wasser und darf gehen. Unsere alte senfgelbe Straßenbahn rumpelt rappelvoll zurück in die Vorstadt, Fahnen wehen und Bierflaschen fliegen aus den Fenstern, obwohl Rauchverbot, qualmt es aus jeder Ritze und alles grölt: „An-dre-as Trautmann, du bist der beste Mann!" An jeder Haltestelle wird der Fahrer genötigt zu warten, weil ständig welche

pinkeln müssen. Beim gefühlt hundertsten „Hoch soll er leben! Hoch soll er leben! Drei Mal hoch! Hoch! Hoch!", bei dem jedes Mal die Waggons drohen, aus den Gleisen zu springen, erreichen wir unsere Haltestelle. Mein angeblicher Bruder bringt mich zu Fuß bis nach Hause und verabschiedet mich mit: „Trautmann, einfach sensationell! Sei froh, dass du mit warst! Das erzählst du noch deinen Kindern!"
„Was?"
„Deinen Kindern!"
„Ja, tschüss."
Simek erscheint mir schon wieder mehrfach. Ich schlafe durch bis zum nächsten Abend und in einem einzigen langen Traum ist Dynamo Meister geworden und Andreas Trautmann fährt mit der ganzen Mannschaft auf einer Feuerwehr durchs Dynamo-Stadion.

Unsere Saison gleicht einem einzigen Sturmlauf, Dynamo spielt einfach alles und jeden in Grund und Boden. Nach dem BFC sind Lok Leipzig, Cottbus, Jena, Rostock, Halle und Aue fällig und ganz nebenbei fegen wir die Schotten aus Aberdeen und die Belgier vom KSV Waregem aus dem UEFA-Pokal. Die vielen Tore, die meist seine Mannschaftskameraden schießen, sind schmückendes Beiwerk, der Mann der Stunde ist Trautmann – Türsteher und gleichzeitig Oberkellner. Sämtliche Elite-Sturmreihen zerschellen am Dresdner Bollwerk, als hätte unser heimlicher Kapitän das Bordbuch vorab geschrieben. Andreas Trautmann ist der Anker in Dynamos System. Die Mannschaft spielt spektakulären Offensivfußball, der es mit sich bringt, dass es hin und wieder im eigenen Strafraum zugeht wie unter Hempels Polstergarnitur. Doch auch wenn es noch so stürmt und kracht und anscheinend überhaupt keiner mehr durchsieht – auf Trautmann ist Verlass. Umsichtig und vorausahnend steht er in den Räumen der Gegner, läuft jeden Stürmer verlässlich ab, grätscht die gefährlichsten Bälle weg, als wäre alles nur Kindergeburtstag, und fast stoisch – wie einst „Dixie" Dörner – öffnet er das eigene Spiel. Mit erhobenem Haupt, einem Blick wie von oben und als schaue er überhaupt nicht auf den Ball, passt er hart und präzise ins Mittelfeld oder serviert unseren Stürmern direkt in den Lauf. Simek behauptet:

„Trautmann ist einer der wenigen Fußballer weltweit, die sich die Zeit nehmen, ein Spiel zu lesen, während es läuft. Hast du ihn jemals so rumstürzen sehen wie die anderen? Beobachte das mal! In den ersten Minuten findet das Spiel fast ohne ihn statt – denkt man –, aber tatsächlich macht der sich erstmal ein Bild. Das hat Methode! Und wenn er's geblickt hat, laufen die Gegenspieler nur noch vor die Wand oder ins Leere. Trautmann ist was ganz Großes! Ein echter Stratege, der hat einfach paar Windungen mehr als der Rest."

Und dann kam Rom. AS Rom.

„Kacke!", sagt Sille. „Habt ihr euch mal angekuckt, wer da so spielt!? Bruno Conti, Collovati, Rizzitelli, die halbe italienische Nationalmannschaft!"

Von Simek kriegt er zurück:

„Nu nu Sille, die halbe Nationalmannschaft! Du quatschst wirklich nur Dünnes. Nur weil von denen paar dort spielen ..."

„Bei uns spielt auch die Hälfte in der Nationalmannschaft", sage ich.

Fronzke feixt: „Nationalmannschaft der DDR, merkste was?"

Und Simek: „Auf Klubebene hat das erstmal nichts zu bedeuten."

Sille wieder: „Aber der scheiß Völler, der spielt jetzt auch bei Rom!"

Fronzke: „Bist du bescheuert!? Rudi Völler! Deutsche Nationalmannschaft! Absolut genial!"

Simek wieder: „Deine deutsche Nationalmannschaft, die kannste dir sonst wo hin schieben, hier geht's um Dynamo!"

Ein Streit entbrennt, der zwischen uns jedes Mal beginnt und unversöhnlich endet, wenn es um Westfußball geht. Fronzke denkt, dass er Fan von Borussia Mönchengladbach ist, selbstverständlich neben Dynamo Dresden, der kleene Schneider hat ein Handtuch von Bayern München, ich ein Wappen vom HSV, das auf einem karierten Hemd aufgenäht war, das mit in einem Westpaket lag,

Michalske eine Anstecknadel von Werder Bremen, weil seine Eltern immer mal wieder Besuch von irgendwelchen Kirchenfuzzies von da oben bekommen, Bunnemann hat in seinem Zimmer die ganze Kicker-Stecktabelle an der Wand, was alle wissen, weil er jeden fragt, ob er sie sich nicht mal anschauen kommen möchte, und wir alle kriegen schon das Kotzen, wenn er wieder angeberisch tönt: „Mein Opa sagt, Hannover 96 hat eine große Zukunft!", und Simek findet, dass wir alle „einfach nur Affen" sind und dass ihn die Bundesliga genauso so interessiert, „wie als ob auf'm Mond welche kegeln. Und außerdem, wer von euch hat schon mal Bundesliga gesehen – hä!?" Keiner. Weil wir es in Dresden nicht reinbekommen. Und ich halte lieber die Fresse, weil es eigentlich nicht wirklich zählt, dass ich in den Sommerferien Bundesliga bei meinen Großeltern in Berlin-Rahnsdorf gucke und ich das auch nur dann machen kann, wenn Opa gerade im Garten ist, weil er mir sonst an die Gurgel gehen würde. Es gibt nur eins, das er mehr hasst als Fußball, und das ist Westfußball. Opa verachtet die Bundesrepublik aus tiefstem Herzen. Ich nicht. Und Oma auch nicht. Sie hält heimlich Kontakt zu Opas Schwester, die in Göttingen lebt. Einmal flüsterte sie mir ins Ohr:

„Dass Opa so schlecht über den Westen redet, hat nur mit seiner Schwester zu tun."

Es ist kompliziert und ich hoffe immer, dass Opa am Sonnabendabend noch eine Stunde den Garten gießt.

Am 23. November 1988 liegt Schnee. Wenn es schneit und hundekalte tschechische Luft aus Südosten die Stadt frostet, ist unser Stadion noch nackter als sonst. Dann ist es ein lebensfeindlicher Ort. Überhaupt ist das Dresdner Rudolf-Harbig-Stadion, auch Dynamo-Stadion genannt, an Hässlichkeit nicht zu überbieten, aus Kriegstrümmern breit zusammengeschoben, mit umlaufenden Betonstufen und einer schnöden Haupttribüne aus Stahl mit Holzbänken, über der ein Sprecherturm ragt, der aus einem Freibad herausoperiert scheint, gleicht das Oval eher einem ausgetrockneten Stausee. Weder hat es eine so unsterblich ehrwürdige Holztribüne wie das Bruno-Plache-Stadion von Lok Leipzig, geschweige denn so eine wuchtige Eleganz wie das Zentralstadion in selbiger Stadt, noch ist es irgendwie malerisch gelegen, wie das unter den Jenaer Kernbergen dösende Ernst-Abbe-Sportfeld oder das ins erzgebirgische Lößnitztal eingebettete Otto-Grotewohl-Stadion im sonst vollständig trostlosen Aue. Unser Stadion hat weder innen noch außen Charakter und wirkt, eingebettet zwischen dem Barock des Großen Gartens und der klassischen Moderne des Portals des Deutschen Hygiene-Museums, wie von einem Komsomolzen rigoros und hastig hingerotzt. Es hat einfach nichts. Und nicht nur das, nein, nein, das ist noch längst nicht das Abstoßendste! Umstellt wird die leblose Zumutung von vier riesigen hellgrauen Stahlmasten mit der Funktion, die Fußballer zu beleuchten, wenn die Sonne untergeht. Von Dresdnern haben sie den Namen „Giraffen" bekommen, sicherlich in Anlehnung an den Zoo gleich um die Ecke, aber in Wirklichkeit erinnern sie nicht an die eleganten Savannentiere, sondern an nichts anderes als bloße Flutlichtmasten, maximal haben sie durch ihre drei ungleichen Beine etwas Insektenhaftes, eher aber wirken sie wie Überbleibsel einer Sojus-Startrampe in Baikonur. Funktional zumindest im Recht, sind sie aus städtebaulicher Sicht schlicht entsetzlich und geben dem, was im Dresdner Zentrum von Bombardierung und sozialistischem Wiederaufbau übrig blieb, den Rest. Dieser Einschlag an der Lenné-Straße ist ein Unort und fühlt sich an diesem Platz wie eine monströse Kreatur an – eine mausetote. Doch das Ekelhafteste, in seiner Widerlichkeit mit nichts zu vergleichen, ist die Stadiontoilette hinter der Badkurve. Wenn du es an die grottenhafte Pissrinne geschafft hast, spürst du förmlich, wie dir der Urinstein die Schuhsohlen anknuspert. Die Furcht, am scharf-süßlichen Dampf der eng beieinanderstehenden geöffneten Hosenställe zu ersticken, lässt nur einen maximal dringenden Aufenthalt im tropfenden Flachbau zu, der an nichts weiter als einen verschissenen Raubtierkäfig erinnert, keinesfalls aber an eine sanitäre Einrichtung des 20. Jahrhunderts. Obwohl unmöglich, sich im Gedränge kontaktarm zu bewegen, vermeidet jeder auf Teufel komm raus irgendetwas anderes als seinen eigenen Schwanz zu berühren, denn selbst an den kaputten Hähne der Waschbecken kann man sich die drei aktuell schönsten Geschlechtskrankheiten einfangen, oder einfach nur schnöden Nagelpilz. Über oder gar auf die Kloschüsseln trauen sich nur die Bauernsöhne aus den fernen Gemeinden des Osterzgebirges oder hartgesottene Alkoholiker aus der Sächsischen Schweiz, weil einfach kein zivilisierter Mensch wissen will, was alles auf der Keramik gedeiht und wie das schnuppert.

Aber dann kommt Rom. AS Rom, mit Conti und Rizzitelli und diesem beknackten West-Völler, und wenn solche Spiele anstehen, verwandelt sich unser beschissenes Stadion zu einer Kathedrale aus Licht und enthusiastischer Verzücktheit, die für eine Nacht den ganzen Dresdner Barockprotz zum Firlefanz degradiert. Auf dem Weg in die Stadt brummt Simek geschmeidig:
„Wenn Trautmann ins Licht tritt, wird er diesen Bundes-Rudi auffressen wollen. Ich habe überhaupt keine Sorge, dass hier heute was anbrennt."
„Wenn du's sagst."

Ich selber habe, wie immer vor so wichtigen Spielen, seit Tagen nur noch Mulm in den Knien. Wir fahren direkt bis zum Fučikplatz, der gleich am Stadion liegt, schon seit einigen Stationen sehen wir den vertraut hellgestrahlten Nachthimmel am Großen Garten und mit jeder Haltestelle erfüllt sich die Atmosphäre mit mehr und noch mehr Glanz und Würde. Jeder – außer natürlich Sille, der so was, neuerdings ganz Punker, ablehnt – hat sich in Schale geschmissen, trägt seine besten Schuhe und hat die guten Hosen extra noch mal waschen lassen.

„Ihr seht aus als geht ihr zur Jugendweihe!", grinst Sille. Fronzke kontert:

„Und du, als kommst du aus der Kneipe!"

Beide lachen, heute ist jedem feierlich zumute und kein Raum für nichtigen Zoff und albernes Rumgeprolle. Wenn zu Spielen gegen den BFC oder die Bördebauern aus Magdeburg Cliquen, Gangs und Kneipenschläger aus jeder hundigen Ecke strömen, Beete, Hecken und alles sonst zerlatschen und schon seit mittags halb zugelötet grimmige Gesichter ziehen, gleicht der Anmarsch zum Stadion heute Abend einem Defilee. Herren und Damen stolzieren herausgeputzt in kleinen Grüppchen, tragen ihre Fähnchen fein zusammengerollt, scherzen, plaudern, grüßen höflich und es fehlt nur noch, dass sie sich mit Sekt aus dünnen Gläsern zuprosten. Sind die Gehwege bei

Fußballspielen sonst zugepflastert mit leeren und zerplatzen Bierflaschen, blinkt heute kein einziges Scherbchen oder wird eifrig vom Bodenpersonal eingesammelt. Heute Nacht sind wir international. Die Größten sind in unserer Stadt zu Gast und der Dresdner kehrt seine elastischste Weltgewandtheit heraus, die ihm, wie hier alle wissen, allein durch geografische Geburt in die Wiege gelegt ist. Gleich durchschreiten wir das Tor zur Welt! Und warum dürfen wir das? Weil wir in dieser Nacht dazugehören, zu den Größten. Zur europäischen Elite. Vom Universitätsprofessor bis zur Fleischverkäuferin, alle erfasst dieses so wunderbar erhabene Prickeln, und auch wir denken nicht einmal daran, uns dieser Spießigkeit zu entziehen. Heute ist Europapokal!

Zehn Karten, fünf davon gefälscht, kurz von Türsteherpfoten wie mit Baggerschaufeln durchgewackelt und drin sind wir. Noch anderthalb Stunden bis Anpfiff, die Ränge sind jetzt schon knackvoll. „Michalske!", brüllt Simek. „Schieb dich rein. Die TRAUTMANN muss an den Zaun!"
Und Michalske schiebt oder besser, er pflügt. Stoisch, die Fäuste wie ein Boxer vor Gesicht und Leber, gräbt er sich Stufe für Stufe den Kessel hinab, hin und wieder legt er eine ganze Besucherreihe schräg. Gequieke, Gebrüll, „Ihr Vollasis, seht ihr ni ...!" Michalske wühlt wie ein Berserker und alle hinter ihm her, bis wir unten sind. Simek knotet

die Fahne ans Metall, Fronzke verteilt die erste Ladung Korn und mir rast ein Schauer nach dem nächsten den Rücken hinab. Tritt ein in den Dom! Trotz klirrender Kälte, entferntester Entfernung und tiefster Nacht, die Gläubigen sind zu Abertausenden erschienen, um dir zu huldigen. Schulter an Schulter gelehnt, mit erfrorenen Zehen in ihren abgewetzten Stiefeln, erheben sie ihre vom Unwetter violett gegerbten Gesichter, voller Inbrunst singen sie ihre Lieder, die über Generationen hinweg von den Alten bewahrt und an sie weitergegeben wurden. Unsere Götter betreten den plattgewalzten Schnee, um ihr Schuhwerk zu testen, winken ihren Gläubigen gönnerhaft und verschwinden wieder.
„Hast du ihn gesehen!?", brüllt Fronzke mir ins Ohr.
„Jaaa!", schreie ich mit tränenden Augen zurück. Ob es der scharfe Wind ist oder der milde Korn? Kann auch vor lauter Glückseligkeit sein, dass ich mich überhaupt nicht mehr einkriege. Trautmann! Trautmann! In Trainingsjacke, aber schon in kurzen Hosen über den drahtigen Beinen und seinem einbetonierten Knie. Das Licht der vier Giraffen verwandelt alles an diesem Ort in kristallklare schattenlose Ewigkeit. Ich bin so beseelt und euphorisch wie noch nie, meinen Namen habe ich direkt hinterm Einlass verloren. Nur noch einer von Sechsunddreißigtausend, als

unbedeutender Teil der großen Gemeinde. Das irdische Jammertal verlassend, auf leuchtendem Pfad direkt zur jauchzenden, grenzenlosen Anbetung und Hingabe. Tschüssi Gehirn, du wirst heute nicht mehr gebraucht! Wer ist wer und was ist wichtig? Die Ordnung ist aufgelöst, wir sind verschmolzen. Die Mannschaft, die Zuschauer, das Stadion, die Nacht – alles Licht! Es gibt keinen anderen Ort auf der Erde.

„Ruuuudi! Ruuuuuuuuudi!" Ich sehe ihn noch nicht. Jetzt kommt er aus den Katakomben und tänzelt mit flockigen Schritten über den plattgewalzten Schnee, schüttelt kurz seine Locken, wirft dabei den Kopf in den Nacken, kneift irgendwie bescheuert die Augen zusammen und winkt lächelnd ins Publikum.
„Da isser, dieser Bundes-Rudi. Ich könnte kotzen!", zischt mir Simek hasserfüllt ins Ohr, als würde er jeden Moment ein Messer aus seinem Stiefelschaft ziehen. „Was hier abgeht, ist unter alles Sau!"
Ich bin ein bisschen hilflos.
„O-D-E-R!?", brüllt er mir ins Gesicht. Und da machts Klick. Gefühlt das halbe Stadion reckt neugierig beschwipst die Hälse und ruft „Ruuuudi! Ruuuudi!", so wie sie es bei Übertragungen von Fußballspielen hören, wenn der Westen spielt.
„Oh Mann, ist das peinlich." Und die hören überhaupt nicht auf, sich Völler an den Hals zu werfen!

Der Glanz des Moments erlischt, als hätte dir gerade einer volle Hütte in die Eier gelatscht. Eine Mischung aus Atemstillstand und purem Entsetzen, gefolgt von bestialischen Schmerzen. Mir steigt unweigerlich der Geruch dieser Westpakete hinter die Augen, die unsere Familie regelmäßig zu Ostern und Weihnachten erreichen. Ich fühle, was meinen Alten so rasend macht und warum er jedes Mal wutschnaubend in der Garage verschwindet, wenn wir abgelegte Klamotten und Hitschler-Kaugummikugeln aus dem Karton graben. Demütigung! Zusehen müssen, wie deiner Familie jede Würde flöten geht. Nichts anderes passiert soeben in Potenz – Dresden bekommt ein ordinäres Westpaket und verliert jede Selbstachtung. Sille, wie immer völlig neben der Spur, brüllt: „Puhdys! Puhdyyyys!"
Simek und Fronzke müssen feixen, aber mich beschämt seine seltene Blödheit. Doch vor Zorn brülle ich es auch: „Puuuhdyyys!" – obwohl die Combo natürlich scheiße ist, weil Zonenmucke. Wer hört so was!?
Der Schiri gibt das Spiel frei, unser „Ruuudi!"-Publikum fällt kurzzeitig zum Heimatlied zurück, das Rund schmettert zwei infernalisch laute „Dynamooooo!" ... bevor Völler zum ersten Mal mit dem Ball tänzelt. „Ruuudi! Ruuuuuudi!"
Simek brüllt: „Schnauze!"
Michalske, hinter mir, öffnet die allerunterste

Schublade und kreischt komplett außer sich: "Völler, du Fotze!", und dann fliegt ein weiter Ball aus dem italienischen Mittelfeld über Freund und Feind hinweg in den Dresdner Strafraum, ditscht auf dem Schnee auf, unser Libero verschätzt sich, rutscht weg und Völler ist durch. Was jetzt in wenigen Hundertstel Sekunden geschieht, wendet alles. Völler, eigentlich auch zu spät, spielt den hohen Ball mit der Hand an unserem Torwart vorbei – zum Glück aber auch ins Toraus. Trautmann, unmittelbar dabei, gibt "Rudi" einen in die Hüfte mit und feuert einen Blick durch Völlers unschuldigste Unschuldsaugen bis zum Abgrund von dessen Seele ab, der das Römer Sturmjuwel an diesem Abend zerbricht und vernichtet. Kältester kalter Krieg in einem Augenausdruck. Der Arbeiterjunge von Empor Tabak, bei Dynamo zum Nationalspieler der Deutschen Demokratischen Republik geschmiedet, gegen den BRAVO-Starschnitt des Klassenfeindes. Wenn die UEFA Rote Karten für "Teuflisches Angucken" im Katalog hätte, Trautmann wäre umgehend für zwei Spielzeiten gesperrt worden. Wie zwei scharfgedrückte SS-20 aus der Königsbrücker Heide blitzen Trautmanns Pupillen Völler in Schutt und Asche. Fortan ist die Partie für ihn gelaufen. Anfangs lässt ihn Trautmann noch ein-, zweimal an seinem strahlend gelben, im Schein der Giraffen goldenen Torso abprallen, bald schon erläuft sich Völler keinen einzigen Ball mehr, wenn er Trautmann im Genick hat oder ihn auch nur in seiner Nähe riecht. Er hat Angst. Und zum Hohn verspottet ihn das noch kurz vorher „Ruuudi!"-geneigte Dresdner Publikum mit schallendem Gelächter, und aus tausenden Kehlen brüllt es, kommt er auch nur in die Nähe des Strafraums, bis zum Schlusspfiff und noch länger: „Rudi! Rudi! Ha! Ha! Ha!" Bei jeder Ballberührung wird seine bundesdeutsche Kaltwelle von einem gellenden Pfeifkonzert nach links gedreht. Dynamo Dresden spielt eine hinreißende Begegnung und hämmert den großen AS Rom mit einem herzhaften 2:0 tief in den sozialistischen Bodenfrost. Trautmann spielt sein Jahrhundertspiel, auch deshalb wird er am Ende der DDR-Oberliga-Saison zum „Fußballer des Jahres" gekürt. Für einen Abwehrspieler – nicht einmal Libero – ein Novum.

„So isser, der Dresdner!", sagt Simek. „Hinterfotzig hoch zehn! Wenn du hier als Fremder jemanden nach dem Weg fragst, wirst du persönlich hingebracht und kriegst noch ä Stück Eierschecke dazu. Aber sobald du dich umdrehst, bewerfen sie dich mit Scheiße, ob du nun Tscheche bist oder Römer."
„Simek, du hast echt einen an der Waffel!"
„Nee! Weil's eingebildete Heuchler sind hier im Tal, die, so hanswurstig sie auch leben, eingeimpft bekommen haben und ihrer Brut immer aufs Neue

einimpfen, was Besonderes zu sein. Und wenn du das nicht akzeptierst, vielleicht auch nur, weil du nicht weißt, dass die Leute hier so sind, verachten sie dich. Weil du keiner von ihnen bist. So einfach. Und am schlimmsten finden sie dich, wenn du besser bist, reicher, oder anders sprichst, so gebildet, oder wenn du was kannst, gut Fußball spielen oder dichten, was auch immer. Dann pfuschen sie dir ins Handwerk und lachen dich aus. Das machen sie hier am liebsten, sich über dich lustig, wie du aussiehst, aus welcher Hundetürkei du kommst, dass du so gar nichts von Dresden weißt, wo das so eine schöne Stadt ist. Was, du warst noch nie im Grünen Gewölbe!? Kommen Sie, Sie kennen unsere berühmte Semperoper nicht!?"
„Aber ist das nicht überall so!?
„Bei mei'm Opa in Liberec jedenfalls nicht. Dort wirst du zwar auch wie der letzte Kuruzze angegafft, wenn du neu in die Kneipe kommst, aber wenn du mit denen das vierte Pivo gesoffen hast, singen sie mit dir die ganze Nacht und laden dich zu sich nach Hause ein. Und am nächsten Morgen gehört man zur Familie, egal aus welchem Loch du gekrochen bist."
„Jedenfalls, Völler ist ein dummes Schwein."
„Das stimmt allerdings."
Nach Rom besiegen wir Bukarest und stehen zum ersten Mal im Halbfinale eines europäischen Wettbewerbs. Dort ist gegen Stuttgart allerdings Schluss. Immerhin krönt sich Dynamo Dresden im Juni zum Oberliga-Meister – mit utopischem Vorsprung vor'm

verhassten Serienmeister aus Berlin – und krallt sich gleich noch den Pokal. Zum Saisonfinale kacheln wir noch fix Union Berlin mit 5:0 aus der Schüssel, anschließend kurven Trautmann und die Mannschaft auf einer Feuerwehr durchs Dynamo-Stadion. Die Sonne scheint, wir singen unsere schönsten Lieder. Zum ersten Mal sind alle Träume wahr geworden, gleichzeitig ist zum letzten Mal alles gut. Im Spätsommer '89 beginnt uns zuerst unsere Stadt und bald das ganze Land um die Ohren zu fliegen.

Die Fassaden sind schon längst vom Putz befreit, die Republik röchelt am Beatmungsgerät, glasklar für jeden, der aus dem Parteibuch aufschaut – und für alle, die nie eins haben wollten, sowieso. Spürbar blutet die Zone aus, Dresden eine einzige eiternde Wunde, die nicht heilt, auch weil Ärzte die Stadt in Scharen verlassen. Wie maßlos aber selbst die Hierbleibenden ihr Land verachten, wurde dem Funktionärs-Balkon bereits am 22. März 1989 in einem makabren Schauspiel vorgeführt. Die DDR hat Finnland zu einem Freundschaftsspiel geladen und, obwohl als unangenehm überkritisches Publikum in Ungnade, Dresden als Austragungsort gewählt. Im Plenum gibt's Streit, ich will zum Länderspiel. Fronzke verschluckt sich derart am dritten Pils, dass ihm Bier aus den Nasenlöchern läuft, und prustet: „Nie im Leben! Vielleicht noch mit DDR-Lappen wedeln! Ums Verrecken nicht!"

„Es ist unsere Nationalmannschaft!"
„Unsere! Unsere! Meine nicht!", presst Fronzke hervor. „Da kannst du mit deiner Oma hin, von mir aus nimm Bunnemann mit. Das Arschloch!"
Inzwischen wissen wir, dass Bunne einen Platz an der Erweiterten Oberschule hat. Obwohl seine Noten wenig überragend sind, haben ihm die Bereitschaft zu einem dreijährigen Dienst bei der Nationalen Volksarmee und seine „tadellose Einstellung zum sozialistischen Kollektiv" den Weg zum Abitur geebnet.
„Ich möchte studieren", erklärt er sich mit brüchiger Stimme und wird daraufhin mit Karacho aus dem Fanclub entsorgt. Simek brüllt:
„Lass dich hier nie wieder blicken, du Stück Scheiße!", der kleene Schneider heult fast, Michalske dampft vor Zorn wie ein nasser Ackergaul und schnaubt:
„Null Rückgrat! Du schaffst es mal ganz weit." Fronzke zischt:
„Verräter!", und selbst Sille hat's kapiert:
„Is das eklisch!"
Nur Reene schweigt, umkreist mit der Zunge seine zehnte Fluppe, hält seinen Kopf wie immer ganovenhaft schief, und wenn ich damals schon gewusst hätte, dass er sich längst zu einer Offizierslaufbahn bei den Grenztruppen verpflichtet hat, würde ich hinter seiner talgigen Specksteinfresse ein Grinsen erkennen.
„Mann Fronzke, damit hat's überhaupt nichts zu tun. Da spielt auch Trautmann mit! Ha! Und Sammer

und Stübner und Kirsten und Gütschow, alle von uns! Du Hirni!"

„Nu, und Rohde und Thom vom BFC und im Tor steht Müller von Drecks-Lok. Aber geh nur hin und steh fein auf, wenn die Nationalhymne gespielt wird."

„Ich gehe mit", kracht Simek trocken dazwischen.

„Ich auch", kommt's aus Reenes Ecke.

Alle andern haben ihre Gründe und im Stadion versammeln sich am Mittwochnachmittag nur 14.000 Zuschauer – offiziell! bestimmt sind es weniger –, ein Großteil davon Schulklassen oder im Blauhemd. Die Ehrengäste der Parteiprominenz aus Stadt und Bezirk werden vom Stadionsprecher begrüßt und vom Publikum ohne jeden Applaus bedacht. Als ein paar Kinder beginnen „DDR, unser Vaterland!" zu rufen, schallt es „Schnauze!" von gegenüber. Jeder nächste Versuch wird mit „Dynaaaaamo!" aus den Stehplätzen unterbunden. Kaum eine Sau erhebt sich, als die Hymnen gespielt werden, die Fahnen unseres Landes wehen nur auf den Betonzinnen des Stadionrunds, die Zäune, an denen sonst dicht an dicht schwarz-gelbe Fanclub-Banner drängen, sind verwaist, die Zuschauer selbst ausschließlich in Alltagsgrau. Als die Finnen in Führung gehen, werden weiße Flaggen mit blauem Kreuz geschwungen – von Dresdnern. Der Rest buht die eigene Mannschaft aus. In der Halbzeitpause tritt gut ein Drittel der Besucher den Heimweg an und verpasst damit den 1:1-Ausgleichstreffer von Andreas Trautmann, der

der beste Mann der ganz in Weiß spielenden DDR ist, und beinahe auch noch den Führungstreffer besorgt. Das war's. Nachdem die Nationalmannschaft mit einem Pfeifkonzert verabschiedet wurde, traben wir gelangweilt und fröstelnd zur Straßenbahn. Ich habe eine halbe Schachtel f6 geraucht, Simek eine ganze, Sille mehr. Auf Saufen hatten wir keine Lust, zu erzählen gab es auch nichts. Hat uns irgendetwas Freude an der DDR gemacht? Nichts. Hat jemand gejubelt über Trautmanns strammen Schuss? Keiner. Es war kein Tor für uns.

In unserem letzten Sommer zogen wir über den „Bergwanderweg der Freundschaft" von Eisenach bis Budapest, wie jeden Sommer seit drei Jahren, und waren inzwischen in der Mala Fatra unterwegs. Der Wahrheit halber, Eisenach bis Sächsische Schweiz ließen wir aus. Simek stöhnte damals: „Orr nee, durch die Zone habsch echt keene Lust!" und so begannen wir die Tour in Dolní Lipka. Simek, Fronzke, Sille, Michalske, Rode, Bunne, Reene und ich. Diesen Sommer sind wir noch zu viert. Bunne konnte uns mal kreuzweise, Rode hat nach seinen schweren Verletzungen noch nicht wieder genug Kondi, Reene findet Wandern „echt bescheuert" und Fronzke ist vor zwei Wochen mit seiner Mutter in den Westen gemacht. Dass er schon immer nach drüben wollte, wussten wir ja – wer will das nicht! –, aber dass er nun so plötzlich weg war,

erschüttert uns. Fronzkes Vater ist vor ein paar Jahren abgehaun, anders gesagt, er ist von einem Messebesuch nicht mehr zurückgekommen, und Fronzkes Mutter hatte seitdem einen Antrag auf Familienzusammenführung laufen. Simek meinte allerdings: „Die Alte lassen sie zappeln, bis sie grün wird. Mit drei Kindern, pah! Da hat Fronzkes Alter seine Familie schön in die Scheiße geritten!" Und da Simek in solchen Fällen Bescheid weiß, oder anders gesagt, von uns anderen keiner Bescheid weiß, machten wir uns gar keine Sorgen um ihn. Nun war er – zack – einfach fort.
„Das geht doch nicht!"
„Was geht nicht?"
„Das Fronzke so mir nichts dir nichts abhaut."
„Siehste doch, dass das geht."
„Aber hat der keine Sekunde an uns gedacht, was das mit uns macht ohne ihn?"
„Doch, hat er bestimmt. Ich weiß nicht, ob Fronzke gerade glücklich ist."
„Er fehlt mir so."
„Mir auch."
„Ob wir uns jemals wiedersehen?"
„Darauf kannste einen lassen!"
„Aber wann?"
„Lange geht das hier nicht mehr, dann bricht die ganze Faxenbude zusammen."
„Und dann?"
„Wiedervereinigung!"

„Du Träumer."
„Jedenfalls, wenn's los geht, bin ich vorne mit dabei!"
Und das ist Simek dann auch. Ganz vorn. Der Sommer ist noch gar nicht richtig vorbei, jeder von uns hat irgendeine Lehrstelle – Simek in einer Tischlerei, Michalske bei seinen Eltern in der Gärtnerei, Rode im Heizkörperwerk und ich als zukünftiger Offsetdrucker –, als in unserer Stadt plötzlich die Hölle los ist. Erst machen sie die Grenzen zur ČSSR dicht, weil Ungarn nach Österreich aufgemacht hat und dort Hunderte oder mehr nach drüben machen, fast jeder von uns kennt welche. Simek rast: „Die Schweine! Jetzt darf ich nicht mal mehr zu meinem Opa! Diese beschissenen Drecksschweine!", und dann heißt es, die Züge mit den Botschaftsbesetzern aus Prag rollen Richtung Westen durch Dresden. Simeks blaue Schwalbe kreischt in unsere Hofeinfahrt, er hämmert gegen die Tür:
„Es beginnt! Wir müssen zum Hauptbahnhof! Dort ist Krieg!"
„Komm doch erst mal rein."
„Bist du ni sauber!?" Gerade noch kann ich meine Jacke schnappen, wie er mich schon aus der Tür zerrt. „Halt dich fest!"
Wie ein Henker schießt er in die Innenstadt, die Schwalbe fliegt an Straßenbahnen vorbei – die Verkehrsbetriebe haben alle Linien ins Zentrum gestoppt. Am Kraftwerk Mitte endlose Kolonnen Mannschaftstransporter, einige mit breiten Räumgittern

dran, noch nie gesehen! Je näher wir dem Bahnhof kommen, immer mehr Bullen, Tausende, in Helmen und mit weißen Schutzschildern. „Die kasernierten Einheiten!", brüllt Simek. Und über'm Bahnhof eine gigantische schwarze Wolke. Simek kracht die Schwalbe in eine Hecke, weil wir hier nicht mehr durchkommen. Bereitschaften Schulter an Schulter, die Straße mit Scheinwerfern ausgeleuchtet. „Wir machen über die Gleise!" Am Bahnhof Menschenmassen, sie schreien: „Wir wollen raus! Wir wollen raus!", ein Toniwagen liegt auf dem Dach, ein zweiter steht in Flammen, Steine, Stangen und Molotowcocktails sausen durch die Luft. Die Bahnhofsfront ist entglast. Was geht dort drinnen ab? Reinkommen unmöglich, zwar sind die großen Türen völlig demoliert, aber die Zugänge durch Bullen, Schild an Schild besetzt, mit einem Wasserwerfer schießen sie scharfe Salven nach draußen. Zum ersten Mal schmecke ich Tränengas, einfach atemberaubend, wie selbst entflammt brülle ich zu Simek:
„Das ist ja besser als Dynamo!"
Simek strahlt übers ganze Gesicht:
„Jetzt geht's los! Es beginnt!"
Die Bullen räumen, die Gefangenen werden auf Transporter geprügelt, wir rennen auf die Prager Straße. Am Interhotel Neva schrauben irgendwelche Kunden Gerüststangen ab und beginnen damit Barrikaden zu bauen. Simek hält Wort, schnappt sich eine der Stangen und schleudert sie in Richtung

der Polizeiketten. Die ziehen die Knüppel, schlagen rhythmisch auf ihre Schutzschilder ein, rumms, rumms, rumms, rücken fünf Meter vor, bleiben stehen, schlagen eine Sequenz schneller, rücken noch zwei Schritte vor und stürmen los. Befohlen stumm, schnell und brutal, krass wie die Gehwegplatten vibrieren. Simek gehört zu den ersten, die sie kaschen. Im Gegensatz zu Erwachsenen, die erst Ende Oktober aufgrund einer Amnestie entlassen werden, ist er aber schon nach zwei Nächten wieder da.
„Alter, wie die SS! Aber die Revolution ist nicht mehr aufzuhalten. Mir ist alles scheißegal, kommste heute Abend mit zur Demo?"
„Klar, ich war sowieso schon jeden Tag mit meinem Vater. Aber erzähl erst mal."
„Die haben mir eine drübergebrezelt und zack bin ich hinten in 'nem Elo gelandet. Als der voll war, gings in irgendeinen Garagenpark, könnte Pirna gewesen sein. Dort alle mit Gesicht zur Wand, Hände auf den Rücken, Beine auseinander. Und immer schön mit Teleskopschlagstöcken in die Kniekehlen und wenn du weggeknickt bist, auf die Birne oder ins Genick. Hat ordentlich gesuppt dort. Zu Fressen gab's vierundzwanzig Stunden nichts, aber das Beschissenste war, dass du eben die ganze Zeit stehen musstest, zumindest die ersten Stunden, so sieben, acht geschätzt. Dann konnten wir uns hinknien. Gesicht immer zur Wand, is klar. Weeßde, wie dir die Fichten ziehen, wenn du nach so langem Stehen

auf die Knie gehst. Alter, als ich dort raus war, bin ich direkt auf die Schnauze geflogen, weil die Beine wie Gummi warn. Und guck hier!" Er zieht seinen Pullover hoch. „Die Schweine!" Simeks Rücken ist blau und grün. „Aber ich sag dir was, klar hat jeder Angst, aber die Stimmung ist sensationell."
„Und wenn die Russen eingreifen!?"
„Dann müssen sie uns erschießen."

Die Russen bleiben in ihren Kasernen und auch die Bereitschaftspolizisten und NVAler verschwinden schnell aus dem Stadtbild. Wer bleibt, sind die Bürger. Anfangs jeden Abend, bald und wochenlang Montag für Montag. Die Republik und mit ihr alle Organe zerbröseln, schon seit Jahren vollends angegammelt, zersetzt sich in atemberaubender Geschwindigkeit jede restliche Struktur. Nur zwei Monate nach den Krawallen in unserer Stadt fällt in Berlin die Mauer. Mit ihr verschwinden auf landesweiten Demos die DDR-Fahnen – wer noch eine trägt, kriegt nicht selten Backensalat, anfangs noch in dunklen Ecken, inzwischen auf offener Straße. Mode ist jetzt Schwarz-Rot-Gold ohne Hammer, Sichel, Ehrenkranz und voll im Trend die Reichskriegsflagge. Dynamo macht als Meister dort weiter, wo es aufgehört hat, und ballert sich überwiegend souverän durch die Oberliga, an den ersten Spieltagen noch mit Andreas Trautmann. Rode geht nicht mehr zum Fußball –„schöner wirds nicht.

Und warum soll ich jetzt noch zu Dynamo rennen, wenn ich die Welt sehen kann?" Simek, Michalske und ich geh'n kaum noch, und wenn, dann ohne unsere TRAUTMANN, denn ob hier oder auswärts, es gibt nur noch auf's Maul und niemand darf davon ausgehen, unverschont und im Besitz seines Eigentums wieder nach Hause zu kommen. Die Zuschauerzahlen sind rapide gesunken, die Mischung der Stadiongeher hat sich verändert. Im Dynamo-Beton ist man aktuell weniger stolz auf die Mannschaft, sondern darauf, Sachse zu sein und Deutscher natürlich. Und Einheitslook ist angesagt. Oberlippenbart ist geblieben, aber Bomberjacke, Scheitel, wahlweise Glatze – jeder wie's auf seinem Dorf gerade so läuft – Westturnschuhe oder Springerstiefel sind dazugekommen, mindestens aber großdeutsche Hoheitsabzeichen an den pissgelb-blauen Lewis-Jacken. „Dynamo" ab, „Ich bin stolz!" drauf. Schwarz-Weiß-Rot statt Schwarz-Gelb. Und dann der Overkill. Zu Weihnachten verändert sich Dynamo Dresdens Logo, es ist jetzt Grün. Und unser Verein heißt nicht mehr Sportgemeinschaft, sondern 1. FC. „Hier wird jetzt alles restlos platt gemacht. Aber das geht zu weit!" Michalske beschließt: „Solange unser Wappen so Kotze aussieht, setze ich keinen Fuß mehr ins Stadion! Grün! Sind wir Chemie Leipzig oder was!? Den hamse doch ins Gehirn geschissen!" Und als ob das nicht alles schon schlimm genug ist – das Allerschlimmste kommt nach Ende der Saison. Dass Dynamo erneut

Meister wird, hat keinerlei Wert, als der Verein ankündigt Hans-Uwe „Champi" Pilz, Matthias „Atze" Döschner UND ANDREAS TRAUTMANN werden in den Westen verschachert, alle zusammen für eine halbe Mille an Fortuna Köln. Simek und ich sitzen am Elbufer, er zieht stumpf ein Blech Becks nach dem nächsten auf und ich heule Rotz und Wasser.
„Mensch, jetz hör doch ma off auf zu flenn! Davon kommter auch nicht wieder."
„Macht doch aber alles keinen Sinn mehr hier. Was bleibt denn noch?"
„Wovon?"
„Von uns, von unserem Land, von Dynamo? Trautmann eh, das war alles! Alles!"
„Na, nüschd bleibt. Die Frage kann wirklich nur von dir kommen! Aus. Ende. Is nun mal so. Finde dich damit ab."
„Niemals! Das verbietet mein Stolz!"
„Hör mir off! Stolz? Worauf, bitte schön?"
„Trautmann?"
„Einverstanden."

Andreas Trautmann hielt es kein halbes Jahr aus im Westen und kehrte Ende November an die Elbe zurück. In drei Oberligapartien steht er noch auf dem Platz und erlebt das Desaster gegen Roter Stern Belgrad mit, als das ehrwürdige Dynamo-Stadion samt Verein beim Rückspiel von Hooligans aus

Nah und Fern in die Luft gejagt und von Europas Fußballlandkarte getilgt wird. Zum letzten Mal läuft Trautmann im Mai 1991 für Schwarz-Gelb auf den Platz, als er zu Hause gegen Eisenhüttenstadt in der 67. Minute eingewechselt wird. Als die Glocke das Jahr 1992 anschlägt und Dresden längst eine Stadt im Südosten der Bundesrepublik Deutschland ist, nageln frischgewendete neu-deutsch-nimmersatte Berichterstatter Andreas Trautmann ans Kreuz, „Trautmann Inoffizieller Mitarbeiter des MfS" prangt es von den Titelseiten. Simek wohnt besetzt in der Neustadt, in seiner Straße nur Ruinen, sein Haus die schlimmste, „aber uns!". Wir treffen uns im Hinterhof des „Tivoli" – unsere Lieblingskneipe „Bronxx" haben Nazi-Hools vor zwei Jahren zu Silvester abgefackelt.
„Hast dus gelesen?"
„Was?"
„Trautmann und Stasi."
„War er IM?"
„Angeblich, ja." Simek rührt mit dem Finger suchend in seinen Rotwein herum, bis er sich das volle Glas in einem Zug hinter die Binde kippt. „Und was soll ich jetzt damit anfangen?"
„Na ja, ist doch verschärft, oder?"
„Weiß nicht, habe jedenfalls nicht mit ihm drüber gequatscht."
„Wasn das für ne beknackte Aussage!"
„Das, mein lieber Pit, ist überhaupt keine beknackte Aussage, sondern die Einzige, die ich dir geben kann.

Wenn du die Wahrheit hören willst, geh zu ihm, frag ihn selber. Ob dich das schlauer macht, steht auf einem anderen Blatt. In der Zeitung jedenfalls steht'se nicht."

„Aber Stasi! Simek, für die Stasi!"

„Für die Stasi!", äfft er mich nach. „Wer war bei Dynamo nicht dabei? Und? Weißt du die Gründe oder was sie dort genau gemacht haben?"

„Für dich ist immer alles so einfach ..."

„Und du denkst viel zu viel nach. Bestell mal lieber noch zwei. Ehrlich mal, wir sitzen hier, schlürfen lecker französische Suppe und machen uns nen Kopp, dass einer was für die Stasi gemacht hat. Die halbe Zone war bei der Stasi. Unser Land war beschissen hoch zehn, gar keine Frage." In dem Moment meldet Simeks Gehirn, dass sein viertes Glas Bordeaux die gewünschte Wirkung entfaltet, lallend:

„Aber wie das Großkapital heute hier restlos alles abräumt, dagegen bin ich erst recht!"

„Wer räumt was?"

„Die Kapitalisten! Vollverarsche! Freiheit? Pah! Der Osten wird kolonialisiert, merkt bloß keiner." Das Franzosen-Gelumpe haut ordentlich rein.

„Aber du! Simek, mei Gutster, ich gloobe – hicks – du bist hier was ganz Großem auf der Spur."

Wir müssen beide so lachen, dass uns die Luft wegbleibt, Simek hustet wie seine rußige Schwalbe und ich wie die f6-Zigarettenfabrik in Person. „Ich weiß, Pit. Für'n Arsch!" Johlend, mit Tränen in den Augen,

kringeln wir uns auf den alten blau-getünchten Gartenstühlen.
„Aber mal ernsthaft, was ist nun mit Trautmann?"
„Da sach'sch ma Satzungsziffer 4. Wir schwören für immer und ewig Andreas Trautmann die Treue! Das bleibt so!"

„Prost Simek!"
„Prost Pit!"
„Alles außer Trautmann war scheiße!"
„Besser kann man es nicht zusammenfassen."

ENDE